Madeleine Bourdouxhe
Unterm Pont Mirabeau fließt die Seine

Madeleine Bourdouxhe

Unterm Pont Mirabeau fließt die Seine

Zwei Erzählungen

Aus dem Französischen
von Sabine Schwenk

Mit einem Nachwort von Faith Evans

Piper München Zürich

»Unterm Pont Mirabeau fließt die Seine« erschien 1944 unter dem Titel »Sous le Pont Mirabeau« bei Éditions Lumière in Brüssel. Diese Erzählung wurde auf deutsch erstmals 1998 in einer Geschenkausgabe bei Piper veröffentlicht.
»Wenn der Morgen dämmert« erschien erstmals 1950 in der Pariser Zeitschrift *Empédocle* unter dem Titel »L'aube est déjà grise« und wurde 1985 in der Erzählungssammlung »Sept Nouvelles« bei Édition Tierce, Paris, neu aufgelegt.

Die Gedichtzeilen von Guillaume Apollinaire wurden von Hans Magnus Enzensberger übersetzt.

ISBN 3-492-04170-1

Gesamtherstellung: Clausen & Bosse, Leck
Printed in Germany

Unterm Pont Mirabeau fließt die Seine

Unterm Pont Mirabeau fließt die Seine,
Nacht komm herbei, Stunde schlag!
Ich bleibe, fort geht Tag um Tag.
GUILLAUME APOLLINAIRE

Auf dem Rücken liegend, räkelt sie sich unter den Laken. Sie leidet nicht mehr. Ein großes Glücksgefühl durchflutet sie, ein kindliches Gefühl, jenes Wohlbehagen, das dem Leiden folgt. Es ist so, als wäre sie wieder zum Kind geworden – vom Scheitel bis zur Sohle, in ihrem Körper, in ihrem Herzen, in ihrem Geist. Wenn überhaupt ein paar Worte über ihre Lippen kommen, dann die eines albernen kleinen Liedes, das keinen Sinn ergibt. »Einäugige Schnecke, leih mir deine Fühler, eins, zwei, drei ...« War es richtig so, oder wie ging der Text noch gleich? Oh, welch ein Gefühl des Friedens, denkt sie, Frieden in mir und neben mir ... Sie wendet den Kopf zur Seite, um das winzige Gesicht hinter den lackierten Gitterstäben zu betrachten. Sie lächelt: Schön ist sie nicht gerade, warm noch vom Wasser und vom Blut ihrer Mutter, ein vages, schemenhaftes kleines Geschöpf. Da ist etwas, das ihr noch fehlt: als müßte sie erst noch befreit werden, als hätte ein gewisser Zauber sie noch nicht berührt. Morgen wird sie schön sein, wenn erst der Schimmer des Tages über ihr Gesicht geglitten ist und ihre Nase die Düfte und Gerüche der Welt geatmet hat, wenn erst die Luft, von der wir leben, durch ihren Körper geströmt ist und die allerersten Stunden ihr Haar getrocknet, ihre Hände geglättet haben. Dann wird sie ihren Platz gefunden haben; sie wird Fuß gefaßt haben zwischen den schönen Phänomenen der Welt, nun selbst ein Phänomen. Morgen wird sie schön sein, sobald der Tag anbricht, und als Kind des Monats Mai wird sie sogleich die Sonne spüren. Im wunderschönen Monat Mai ... einäugige Schnecke, leih mir deine Fühler, ich habe keine Schmerzen mehr, ich werde gut schlafen, gleich werde ich einschlafen ... Ah, Frieden in mir und neben mir ...

Ein lauter Schlag erschüttert ihren Schlaf. Halb unbewußt noch denkt sie: Der Tag bricht an, und da ist wohl ein Mann auf einem Lastwagen, der eine leere Mülltonne auf den Bürgersteig herabwirft. Zwei Mülltonnen. Zehn Mülltonnen. Hundert Mülltonnen. Sie stützt sich auf einen Ellbogen, das Gesicht zum Fenster gewandt, doch der Vorhang versperrt ihr jede Sicht. Langsam lassen die Schläfrigkeit und auch das Kindliche sie wieder los.

Ihr körperliches Leid und jenes Wohlbehagen, das ihm folgte, gehören der Vergangenheit an. Jetzt, da ihr Zustand sich wieder normalisiert hat, nimmt sie alle Geräusche deutlich wahr und erkennt ihren wirklichen Sinn: Bombenhagel, Sperrfeuer, krachende Schläge, die sich überlagern und verschmelzen, zu einem wüsten Chaos anschwellen, wie angetrieben vom rhythmischen Heulen der Sirenen.

Sie richtet sich in ihrem Bett auf, ohne auch nur

darüber nachzudenken, ob ihr Körper es zuläßt oder nicht. Sie beugt sich über das Kind, nimmt es hoch, drückt es fest an sich, bettet es in ihre Arme. Sie achtet nicht mehr auf das Getöse, das wie eine gleichbleibende, höllische Geräuschkulisse von draußen hereindringt. Das Klirren der Scheiben und das Beben der Wände wiederholt sich in so dichter, regelmäßiger Folge, daß es sie nicht länger überrascht. Statt dessen horcht sie nun auf die Geräusche im Haus: Schritte, Laufschritte in den Gängen, Stimmen und immer wieder das Läuten eines Telefons ... Sie wartet darauf, daß Gott weiß was geschieht.

Eine Krankenschwester tritt herein, zu Tode erschrocken: »Rühren Sie sich bloß nicht von der Stelle ... Sie brauchen keine Angst zu haben ... Es kann kein Bombenangriff sein, wir haben ja keinen Krieg, nicht in unserem Land. Es ist nur die Luftabwehr, die auf die vielen vorbeikommenden Flugzeuge schießt ... Oh, aber Sie dürfen das Kind nicht anfassen ... Eben ist angeordnet worden, sie in ihren Bettchen liegen zu lassen ...«

Sie nimmt das Kind, legt es schnell in seine Wiege zurück und geht aufgeregt davon.

Sie hat der Krankenschwester nicht geantwortet, sie hat nicht protestiert. Wieder alleine, beugt sie sich ein zweites Mal über das Kind, nimmt es hoch und drückt es wieder fest an sich. In dieser Haltung verharrt sie.

Plötzlich kann sie ein starkes Motorengeräusch ausmachen, als würde ein Flugzeug im Sturzflug niedergehen, wieder aufsteigen und erneut abstürzen.

Zweimal innerhalb von wenigen Sekunden erzittert das ganze Gebäude, von den Grundmauern bis hin zum Dach. Sie blickt zum Fenster, zu den Fensterscheiben, die so nah an ihrem Bett sind. Gegrüßet seist du Maria, denkt sie, du Gnadenreiche ... So zimperlich wie sie war die heilige Maria allerdings nicht gewesen. Eines Nachts hielt sie einfach am erstbesten Ort an, stieg von ihrem Esel und gebar ihr Kind. Gleich darauf schwang sie sich wieder auf das Tier und zog weiter ihres Weges. Wenn ich es wenigstens bis in die Ecke des Zimmers schaffen würde, denkt sie, dann könnte ich mich mit dem Kind neben den Schrank stellen, weit weg von den Fensterscheiben. Sie schlägt die Decke zurück, preßt das Kind an sich, mit angewinkeltem Arm. Mit der freien Hand sucht sie tastend nach einem Halt; sie läßt die Beine aus dem Bett gleiten, bleibt einige Sekunden aufrecht stehen. Ihr wird schwindlig, die Beine geben nach, schon schwankt ihr Körper ... Sie legt sich wieder hin, schließt für einen Moment die Augen. Nun ja, denkt sie, die heilige Maria war eben die heilige Maria, und ich bin nur ich. Zwei bis drei Stunden Ruhe brauche ich noch, dann werde ich aufstehen können, da bin ich mir ganz sicher. Bis jetzt haben die Scheiben und Wände standgehalten, da werden sie es wohl auch noch zwei oder drei Stunden länger tun. Sie lehnt sich zurück in ihr Kopfkissen, und so verharrt sie, regungslos, das Kind fest im Arm.

Wie ruhig das Zimmer an diesem ersten Tage ist. Ruhig und sonnendurchflutet. Durchflutet von einem üppigen, gleißenden Licht, das die Bettdecke erwärmt und auf ihre beiden Hände fällt, die reglos auf dem umgeschlagenen Laken liegen. Ein Meer der Ruhe und Stille umwogt sie – seltsam, unwirklich und fast beängstigend in seiner Abgeschiedenheit.

Sie richtet sich ein wenig auf, das Gesicht zum Fenster gewandt; mit gespitzten Ohren nimmt sie alle Geräusche und Worte in sich auf, die der leise Wind herbeiträgt, und sie versucht sich vorzustellen, was in den Straßen passiert.

»Ich sehe da etwas schimmern. Die werden schießen, da kannst du sicher sein.«

»Ich glaube, ich seh's auch ... Da hinten zwischen den Bäumen?«

»Auf den Boulevards wimmelt es von Franzosen.«

»Dann ist es ja gut ...«

Aber die Klinik liegt in einer Nebenstraße am Stadtrand, und die Echos, die bis hierher dringen, lassen sich nur selten entschlüsseln. Meist sind es dieselben Geräusche, die sich in so aufreibend monotoner Folge wiederholen, daß man das Gefühl bekommt, sie hätten keinen Sinn: Alarmsirenen, Geschützfeuer, sie kann die dumpfen, rhythmischen Schüsse zählen – laut, leise, fern, nah –, dann ein Moment der Stille und wieder die Sirenen, die das Ende des Angriffs verkünden. Dann fängt das Ganze wieder von vorne an, hört auf, beginnt von neuem. Ein leichtes Poltern nur, das keine Ähnlichkeit mehr mit dem Chaos der Nacht hat. Ein leichtes Poltern, das den Strom der Zeit durchbricht und an der Stille zehrt.

Die Tasse und der Teller vom Frühstück stehen noch auf dem Tisch. Die Krankenschwestern sind überlastet. Rollwagen fahren in den Gängen umher, Türen gehen auf und zu, Telefone läuten: Die Aufregung der Nacht hat die Geburten beschleunigt. Ununterbrochen treffen Frauen ein, deren Wehen begonnen haben. Alles, was in den folgenden zwei Wochen hier geboren werden sollte, will heute schon auf die Welt. Eine Tasse und ein Teller. Auf dem Stuhl steht noch ihr Koffer, so wie sie ihn gestern dort abgestellt hat. Blumen in einer Vase. Ein lackierter Tisch und ein lackiertes Bett. Sie spürt, wie die Sonne warm auf ihre Laken fällt, auf ihre Hände, auf ihre Stirn, und sie spürt den Frieden und die Stille in diesem Zimmer – ihrem Zimmer, verlassen von der Zeit.

Sie richtet sich wieder ein wenig auf, nimmt das Kind in den Arm. Die Luft ist voll von Gerüchen, dem Duft der Maiglöckchen, die sich in der Vase öffnen, dem Geruch der Holzmöbel und Stoffe, und jetzt ist diese Luft auch durch seine kleine Nase geströmt, und die Sonne hat sein Haar berührt, und die Zeit hat seine Hände geglättet. In den Stunden des Morgengrauens haben die Hände seiner Mutter seine Wangen berührt, hat die Wärme seiner Mutter seinen winzigen Körper durchdrungen. Meine schöne kleine Tochter, dies ist dein erster Tag.

Und wieder meldet sich die Straße zu Wort: »An der Grenze scheint es ziemlich schlecht auszusehen …«

»Das kann noch dauern, bis Verstärkung kommt …«

Sie schließt die Augen. Sie sieht Straßen, Dörfer, Bahnhöfe und Grenzen. Bilder drängen sich ihr auf, neue Bilder, die sich vor andere aus einer fernen Vergangenheit schieben. Sie vermischen und überlagern sich, sind ständig in Bewegung. Aus ihrer tiefsten Seele und aus dem Grund der Zeit steigen Erinnerungen in ihr hoch: vergangene Momente, die in den Geräuschen, Worten und Gerüchen der Gegenwart wiederaufleben, mit all ihren erschütternden Details. Ein Morgen im August, genauso strahlend wie dieser Morgen im Mai, ein ahnungsloses Kind, von Vater und Mutter an der Hand geführt. Ein kleines Mädchen, das nichts hinter sich läßt, denn es hat keine Erinnerung, weiß nicht einmal, daß es etwas besitzt. Die Maas stromabwärts hat sie gesehen, stromaufwärts kennt sie sie nicht. Jetzt sieht sie neue Straßen, neue Städte, neue Landschaften, und sie lernt, was entdecken heißt. Sie sieht Hände, die sich umschlingen, Hände, die sich lösen, sieht Taschentücher in der Ferne winken, und sie erfährt, was Freundschaft und Abschiedsschmerz sind. Auf einem Bahnsteig sieht sie eine Frau, die einen Mann küßt, ihn wieder und wieder küßt, bis er von ihren Tränen ganz naß ist. Und als sie zusieht, wie die Frau sich abwendet und über einen Stapel von Ledertaschen, Eßgeschirr und Futtersäcken stolpert, um schließlich an einer Wand zu lehnen, die Arme leer, das Herz weit geöffnet, da lernt sie, was es heißt, wenn Mann und Frau sich lieben. Als dann der Zug bei Sonnenuntergang auf freiem Feld zum Stehen kommt und die Bäume, vergoldet im Abendrot, in gleichmäßig verteilter Schönheit erstrahlen, da erfährt sie zum ersten Mal den Zauber einer abendlichen Landschaft. Auf der Ausziehcouch eines möblierten Zimmers hört sie, wie in ihr die Stimme ihres Großvaters zu ihr spricht: Er hat sie von der Schule abgeholt und erzählt ihr, wie einmal in Isfahan ein Gärtner den Tod gefürchtet hatte. Sie verstand das damals nicht recht, doch es war gut, die derbe Hand zu fühlen, die ihre Kinderhand umschloß; jetzt lernt sie, was Erinnerung bedeutet. Ihre Bücher konnten ihr vielleicht sagen, daß ihr Land sich in neun Provinzen unterteilt, daß die Welt fünf Kontinente zählt, daß Jean das Jaulen von Jerômes Hund gehört hat, daß René Reis gegessen und Robert gehänselt hat – aber von nun an bringen ihr andere Sätze das Lesen bei: *Imbiß zu jeder Tageszeit*; *Saponite wäscht weißer*; *Bei Geschützfeuer das rechte Trottoir benutzen*; *Auf zum Brükkenkopf.* Mit müden Beinen und weit aufgerissenen Augen geht sie die große, bevölkerte Avenue entlang, aus deren hell erleuchteten Verkaufsständen Dämpfe und Gerüche dringen, und es ist ihr, als laufe sie mitten durch das Leben.

Der Morgen im Mai und jener ferne Morgen im August sind eins geworden: Sie ist zurückgekehrt zur Quelle ihrer Erinnerungen, zur Quelle ihrer selbst. Daß dieses Kind vergangener Zeiten in der trägen Stille ihres Zimmers wieder zum Leben erwacht ist und die Geräusche, die sie umgeben, seine Stimme zu ihr tragen, das läßt ihr Herz überfließen. Sie spürt, daß dieselben Farben und Geräusche, dieselben Empfindungen, in denen sich das Leben ihr jetzt offenbart, auch in den Straßen und Menschen, den Bäumen und Flüssen, den Düften und dem hellen Tageslicht zugegen waren, in denen sich damals jenem Kind das Leben offenbarte. Jenem Kind der Vergangenheit, lebendig in ihrer Erinnerung. Von dir zu mir, denkt sie, und von mir zu diesem anderen Kind; und heute vielleicht direkt von dir zu ihr …

In der Zwischenzeit muß die Bürgerwehr dem Ansturm der schönen Soldaten weichen.

Überall sind Menschen, Männer, Frauen und Kinder, zwanzig oder fünfundzwanzig in einem Lastwagen, sieben oder acht in einem Auto, das für vier gedacht ist. Ausgestreckt liegt sie auf der Pritsche eines Lasters, den winzigen Säugling auf ihrem Bauch. Mit ungeduldigem Blick starrt sie nach vorn, mitgerissen von einer Welle der Flucht, die sie überrumpelt hat. Dabei flieht sie im Grunde nicht, sie läßt nichts hinter sich, sondern folgt nur einem Ruf. Und die Klarheit ihrer Erinnerungen weist ihr den Weg wie ein heller Stern.

Noch wagt sie nicht, nach draußen zu blicken; sie läßt ihrem Körper Zeit, sich an die holprigen Pflastersteine zu gewöhnen. Sie betastet ihren merkwürdig schlaffen Bauch, rückt den Verband zurecht, prüft nach, ob sie schon genug Milch hat und vergewissert sich, daß das Kind gut eingewikkelt ist. Dann schließt sie ein wenig die Augen und versucht sich abzulenken, um nicht mehr auf die holprigen Umdrehungen der Räder zu achten; sie kann nicht anders, aber es macht ihr angst.

Die ersten Stunden vergehen schnell; die Straße ist ihr vertraut in ihrer Monotonie, und die Zeit vergeht, ohne daß sie etwas daran ändern könnte.

Als der Wagen auf weitere Fahrzeuge trifft, verlangsamt er seine Fahrt, und bald schon setzt sich die Schlange hinter ihnen fort.

Nun hat sich eine lange Kolonne gebildet, so lang, daß man von hinten ihren Anfang nicht sieht und von vorn nicht ihr Ende. Es ist, als wäre die ganze Menschheit unterwegs: Männer und Frauen, jung und alt, schön und häßlich, mit Autos, Lastwagen, Fahrrädern, Dreirädern, Handkarren oder auch zu Fuß, beladen mit den erstaunlichsten Besitztümern.

Die Motoren laufen heiß, und manche Fahrzeuge müssen anhalten, Opfer der Bummelei. Bis zur Grenze sind es keine fünf Kilometer mehr. Rechts der Straße liegt, umgeben von grünen Bäumen, ein großes Gebäude mit mehreren Terrassen, wo man verschiedene Imkereiprodukte kosten kann. Erst fünf, dann hundert, dann tausend ausgehungerte Menschen stürzen los, kehren beladen mit Papiertüten zurück: Honigbonbons, Honigkuchen, Honigkaramellen – du lieber Himmel, welche Mengen an Honig in dieser kriegerischen Zeit. Aber wo ist der Krieg? Und wer ist er? Vielleicht wäre es einfacher, wenn man ein Sinnbild für ihn finden könnte ... Doch die Erinnerung an das Bild ist erloschen, jenes Bild einer großen Göttin mit Helm, stark, unerschütterlich, gefürchtet und verehrt, Richterin über Ehre und Ruhm, der die Soldaten folgen wie im Rausch ... ah, ihr schönen Soldaten, die ihr loszieht in den Krieg ... Bestimmt ist sie noch da, hinter uns, vor und zwischen uns, überall, leicht lädiert, aber immer noch über unseren Köpfen ... ja, seht nur dort oben, vielleicht ist das ihr Sinnbild, drei prächtige Kampfflugzeuge, die über den klaren Himmel eines verfrühten Sommers ziehen. Alles blickt hoch, den Honigkuchen in der Hand. »Gehen Sie in Deckung, um Gottes willen, so gehen Sie doch in Deckung!« Aber wo, wo nur in Deckung gehen auf dieser brechend vollen Straße? Sie sind vorübergeflogen, ohne zu schießen. Wie gut der Honig schmeckt, der wieder auf den Zungen zergeht.

Rufe kündigen vom Aufbruch. Alles stürzt los, zwängt sich in die Fahrzeuge, Türen schlagen, und mit vollem Tempo, das wieder Hoffnung gibt, legen sie mindestens zwei Kilometer zurück. Dann kommt die Kolonne erneut zum Stehen, blockiert durch eine andere, die sich in entgegengesetzter Richtung bewegt: ein Zug von großen Karren, die mit bogenförmigen Planen bespannt sind; Soldaten führen die Pferde, die diese Wagen ziehen. Der Stau zwingt auch sie zum Anhalten, und so wechseln die beiden Kolonnen ein paar Worte.

»Wohin seid ihr denn unterwegs?«

»Wir müssen nach Ostende. Da sollen wir auf Befehle warten.«

»Zigarette?«

»Da sage ich nicht nein ... Ein Schlückchen Roten?«

»Gerne, wir sterben vor Durst.«

»Bei der Sonne ist euren Kindern bestimmt warm ... Die sind ja eingepfercht wie die Sardinen.«

Sie hat sich ein wenig aufgerichtet, das Kind im linken Arm, während sie mit der rechten Hand einen Türgriff umklammert. Sie betrachtet die Soldaten. Ihre Helme und Jacken interessieren sie kaum, viel mehr die Gesichter, die Augen und ihre Haarfarbe. Die beiden hier sind groß und schlank, aus Paris kommen sie und heißen Jacques und René. Und der da, mit seiner untersetzten Statur, hat blaue Augen und eine energische Stirn. Dieser hier ist der jüngste, er hat seine Jacke geöffnet, denn er kommt um vor Hitze. Ihre Gesichter sind männlich, ihre Augen sind männlich, ihr ganzes Gebaren ist männlich. Doch wenn man sie fragen würde, wie sie heißen, würden sie ihren ganzen Namen nennen, mit all ihren Vornamen.

»Ah, sieht so aus, als würde die Straße wieder frei ...«

Hände heben sich zum Gruß, man wünscht sich gegenseitig viel Glück.

Immer noch halb aufgerichtet, beobachtet sie durch den Ausschnitt hinten im Verdeck des Lasters, wie die Soldaten weiterziehen. Einige sitzen wieder im Sattel, andere laufen zu Fuß neben den Wagen her, wieder andere hocken hinten auf den Lastern. Die ganze Kolonne zieht vorbei. Nicht ein Maschinengewehr ist zum Himmel gerichtet. All diese Soldatenfüße auf dem Asphalt, einer hinter dem nächsten, mit weit ausholenden Männerschritten, und jeder mit seinem eigenen Gang, seiner besonderen Art.

»Ah, mein Gott, ist mir warm. Willst du eine rauchen? Ich habe belgischen Tabak, der ist gut. Du weißt doch, mein Tabak ist unschlagbar.«

»Du Schwachkopf. Wie wär's mit 'nem Stück von dem Honigkuchen, den die Kleine uns gegeben hat? Heh, du da, Reiter, willst du ein Stück Honigbrot? Solang es noch so langsam vorangeht, solltest du dir ein bißchen die Beine vertreten.«

All diese Füße im Staub, mit weit ausholenden Männerschritten. Lucien-Georges Gaudinet, Pierre-François-Emile Forgeron, Albert-Amédée Léridan. Nicht ein Maschinengewehr ist zum Himmel gerichtet. Noch kann man sie in der Ferne der Straße erkennen, dann sind sie kaum mehr zu sehen. Ade, ihr sonderbaren Soldaten, die ihr nicht loszieht in den Krieg.

Sie hat sich wieder im Fond des Wagens ausgestreckt. Auch ihre Kolonne setzt sich nun in Bewegung; das ist auch nicht weiter verwunderlich, schließlich hatten die beiden sich gegenseitig blokkiert.

Sie betrachtet das Kind: Es könnte jetzt anfangen, die Milch seiner Mutter zu trinken. Sie knöpft den weiten Morgenrock, in den sie von Kopf bis Fuß gehüllt ist, ein Stückchen auf und versucht, sich von ihrem Nachthemd zu befreien, doch es ist zu eng.

»Hat vielleicht jemand eine Schere?«

»Ja, aber ganz unten im Koffer, und der liegt ganz hinten im Wagen ...«

Unter ihren Fingern und Zähnen gibt der Stoff schließlich nach und entblößt ihre inzwischen angeschwollenen Brüste.

Es ist gar nicht so einfach, ein Kind zum ersten Mal an die Brust zu legen. Es versucht zu saugen, rutscht ab, versucht es erneut und gibt auf. Sie hält den Kopf ihres Kindes fest an sich gedrückt und verfolgt aufmerksam die kleinsten Bewegungen seiner ungeschickten Lippen. Verschwommen nimmt sie einen gewissen Aufruhr um sich herum wahr. Doch so vertieft ist sie in ihr Tun, daß sie kaum bemerkt, daß der Wagen wieder angehalten hat. Ihre umständlichen, etwas fahrigen Bewegungen verraten die junge Mutter. Das Kind hat jetzt ein wenig getrunken. Sie knöpft den Morgenrock wieder zu und seufzt erschöpft. Diesmal haben sie endgültig Halt gemacht: Die Grenze ist geschlossen, anscheinend kommt heute niemand mehr durch.

Auf der Straße könnte die Aufregung nicht größer sein. Rechts und links erstrecken sich friedliche Wiesen und Felder, mit Hitze getränkt. Weit hinten am äußersten Horizont steigt langsam die große Stille der Nacht empor.

Aus den Häusern, die hier und da die Straße säumen, kommen Frauen herbei, bieten Wasser an, Wein und Decken. Eine Frau bietet an, Mutter und Kind bei sich aufzunehmen. Ein paar Soldaten, die sehen, daß man sich bemüht, einer liegenden Frau von einem Lastwagen herabzuhelfen, kommen von der anderen Straßenseite herüber und sagen: »Warten Sie doch, wir haben, was Sie brauchen.«

Sie kehren mit einer Bahre zurück, und im Handumdrehen liegt sie darauf, getragen von den Soldaten. Das Haus ist klein, die Treppe gewunden und sehr eng. Nach mehreren vergeblichen Anläufen sagt einer der Soldaten: »Da ist nichts zu machen, wenn wir hier durch wollen, müssen wir die Bahre hochkant nehmen.«

»Das geht nicht«, sagt der andere. »Ich kenne mich da aus, wenn man plötzlich aufsteht, kann das zu einer Embolie führen.«

Lachend sagt sie: »Für eine Embolie ist jetzt wirklich nicht der Moment! Na los, nun helfen Sie mir schon aufzustehen.«

Dann fügt sie schnell hinzu: »Aber Sie müssen das Kind nehmen, denn wenn ich hinfalle ...«

Ein dritter Soldat, der ihnen vorangegangen war, bückt sich, um das Kind hochzunehmen, und trägt es gleichsam auf Armeslänge vor sich her, wie Männer es tun.

Die Treppenbiegung ist geschafft, sie bringen die Trage wieder in die Horizontale und treten ins Zimmer: ein winziger Raum mit einem sehr hohen Bett, das fast an die niedrige Decke stößt. Einer der Soldaten nimmt die Frau auf den Arm, trägt sie zum Bett, stolpert und fällt beinahe mit ihr hinein. Alle vier müssen lachen. Als man ihr das Kind zurückgibt, drückt sie es fest an sich und seufzt vor Erleichterung.

»Danke«, sagt sie. »Und ich kann Ihnen nicht einmal einen ausgeben ...«

Sie plaudern ein Weilchen. Die Soldaten erzählen, daß der Stau sie von ihrem Bataillon getrennt hat. Sie sind nur eine kleine Gruppe in zwei Wagen, und da stehen sie nun und wissen nicht, ob sie in Ostende oder in Furnes zu den anderen stoßen sollen. Einer von ihnen ist losgegangen, um zu telefonieren; inzwischen wird er wohl zurück sein, sie wollen lieber wieder nach unten gehen.

Ein winziges Zimmer, sehr arm, sehr sauber, sehr

kahl, eine Frau, ein Neugeborenes, drei Soldaten. Seltsam ist das.

Es ist ein schöner, klarer Morgen, genau wie gestern, genau wie vorgestern. Durch das kleine Fenster in ihrem Zimmer blickt sie auf die weiten Felder, die immer noch friedlich daliegen. Das Licht über ihnen flimmert im Dunst, und sie kann riechen, daß die See nicht weit ist: die grüne, graue Nordsee.

Sie versucht ein paar Schritte im Zimmer, und es scheint zu gehen. Schließlich kann sie nicht überall mit einer Bahre rechnen und mit drei hilfsbereiten Soldaten.

Ihre Reisegefährten haben sie auf dem Weg ins Erdgeschoß noch gestützt, jetzt auf der Straße geht sie allein. Im Lastwagen setzt sie sich hin wie alle anderen. Das gibt einen Platz mehr, und die anderen Reisenden, die vorne gedrängt aufeinandersaßen, haben es nicht mehr ganz so eng. Die Fahrt geht weiter, sie spürt, wie die Räder des Wagens sich drehen und drehen ... eine Stunde, anderthalb Stunden, zwei Stunden. Dann verschärft sich plötzlich das Tempo, und sie passieren die Grenze, fast ohne es zu merken. »Fahren Sie weiter, nur immer weiter. Nein, Sie brauchen Ihre Papiere nicht zu zeigen. Vorwärts, beeilen Sie sich.«

An manchen Kreuzungen stehen Gendarmen oder Soldaten, die ihnen Zeichen geben weiterzufahren. Allenthalben herrscht eine fieberhafte Hast.

Jeder tut, was er kann, fährt so schnell wie möglich, versucht sogar, andere zu überholen, auch wenn dies zwecklos ist, weil man sich doch bald wieder in die Kolonne einfügen muß.

Sie erreichen Dünkirchen, eine finstere Stadt, die sie schnell durchqueren. Auf den Mauern sitzen Matrosen herum, die auf etwas zu warten scheinen oder sich einfach nur langweilen.

Hier lichtet sich die Kolonne und verläuft sich. Die einen schlagen diese, die anderen jene Richtung ein. Jetzt überholt man sich wieder, manche sind schneller, andere langsamer. Vier oder fünf Wagen rollen mit hoher Geschwindigkeit hintereinander her. Das Kind hat getrunken, es macht Fortschritte, aber obwohl es die Brust seiner Mutter geleert hat, scheint es nicht gesättigt zu sein.

Am Abend machen sie Halt in einem Dorf in der Somme, wo alle Häuser schon voll sind und die Autos dicht gedrängt am Straßenrand und in den Höfen stehen. Überall ist es das gleiche, von Dorf zu Dorf. Die zuletzt Gekommenen schlafen in den Wagen oder Scheunen. Eine Frau, die aus einem Bauernhaus kommt und die Mutter und das Kind sieht, sagt: »Mein eigenes Zimmer ist noch frei, gehen Sie schnell rein und machen Sie es sich bequem.«

Als sie vom Laster steigt, mag sie noch so sehr beteuern, daß sie alleine gehen kann – schon ist ein Soldat zur Stelle, der sie auf seinen Armen ins Haus trägt.

Sie sitzt in einem Korbsessel neben dem Ofen.

Das Baby schläft in ihrem Arm, und eine weißbraune Katze schmiegt sich an ihre Füße. Die Küche ist voll von Soldaten; als sie hereinkam, aßen sie gerade Fleisch und Bohnen, aber jetzt sitzen sie einfach nur da, die Gabeln in der Luft, und betrachten die Frau und das Kind.

Auf das Baby deutend, sagt einer von ihnen: »Da ist mal einer, der sich keine Sorgen macht.«

Sie essen weiter, doch hin und wieder schauen sie noch zu ihr herüber und lächeln ihr freundlich zu, vielleicht um ihr Mut zu machen, weil sie so müde aussieht.

Die Bäuerin ist zurückgekehrt: »Das Zimmer ist fertig. Aber es gibt dort keinen Strom, besser Sie wickeln das Kind hier.«

»Ja«, sagt sie. Sie muß ihm auch die Brust geben, denn es ist Zeit und das Baby wird unruhig.

Sie erzählt der Bäuerin, daß das Kind nach dem Stillen jedesmal schreit, daß es scheinbar noch hungrig ist.

»Sie haben nicht genug Milch«, sagt die Bäuerin. »Das ist schlimm. Ich habe acht Kinder, und bei den letzten beiden war es dasselbe, drei Fläschchen mußte ich ihnen pro Tag geben.«

»Auch das noch«, sagt sie mit tonloser Stimme.

»Lassen Sie mal sehen.«

Die Frau tritt heran, betastet die Brust der Mutter, preßt ein paar Tropfen Milch hervor. Die Männer haben ihre Mahlzeit erneut unterbrochen, sie rühren sich nicht, sie warten. Die Stille ist drükkend.

Schließlich sagt die Frau: »Besonders üppig ist

das ja nicht gerade. Noch dazu ist Ihre Milch womöglich nicht nahrhaft genug. Kein Wunder, bei so einer anstrengenden Reise.«

»Ich habe eine Dose Kondensmilch dabei, davon werde ich ihr nach dem Stillen etwas geben.«

Einer der Soldaten öffnet die Dose mit einem Messer. Er leckt sich ein paar Tropfen Milch, die auf seine Hand gekleckert sind, von den Fingern.

»Jetzt säuft Armand dem Kind doch glatt die Milch weg«, sagt einer von ihnen, und alle müssen lachen.

Sie fragt die Soldaten, wie lange sie im Dorf bleiben werden.

»Wir sind schon seit ein paar Tagen hier. Morgen bei Tagesanbruch fahren wir nach Dünkirchen. Da sollen wir auf weitere Befehle warten.«

»Dünkirchen ... von dort kommen wir gerade«, sagt sie.

»Und wir fahren hin ...«

Ein anderer Soldat sagt: »Und in der Zwischenzeit sind wir alle zusammen hier ...«

Die Soldaten, die junge Frau, die Bäuerin sehen sich an und lächeln.

Das Kind ist gebadet und gewickelt und schläft satt im Arm seiner Mutter. Sie sitzt wieder im Korbsessel, den Kopf an die Rückenlehne gestützt. Sie wartet, denn die Frau kocht Kaffee für die Soldaten und hat ihr gesagt, daß auch sie einen trinken sollte, daß er ihr guttun würde. Die tiefhängende Lampe wirft einen großen, goldenen Lichtkreis auf den Tisch, die angegessenen Brotkanten und die fast leeren Rotweinflaschen, während der übrige

Raum, in dem verstreut die Soldaten herumsitzen, im Halbdunkel liegt. Einer von ihnen hat seine Jacke ausgezogen, zu einem Kissen gerollt und sich auf einer Bank ausgestreckt, mit halb geöffnetem Hemd; die weiß-braune Katze liegt zusammengerollt auf seinem Bauch, eine Pfote auf seiner jungen, glatten Brust. Es herrscht Schweigen. Man hört nur das Geräusch der Kaffeemühle, deren Kurbel die Frau langsam dreht, und das Kind, das im Schlaf leise schmatzt. Als die Frau mit dem Mahlen fertig ist, erfüllt der Kaffeeduft den Raum, und die Stimmung wird immer wohliger. Überwältigt von soviel Behaglichkeit, stößt der Soldat, der auf der Bank liegt, einen langen Seufzer aus und sagt mit kindlicher Stimme: »Uns geht's vielleicht gut hier …«

Die Bäuerin sagt: »Mir wäre auch lieber, ihr würdet hierbleiben.«

Wieder erfüllt das Schweigen den Raum.

Dann erhebt sich, wie aus weiter Ferne, eine Stimme aus dem Dunkel:

»Heute nachmittag habe ich gehört, daß Brüssel besetzt ist.«

»Ach«, sagt sie, »da war ich gestern morgen.«

Sie erklimmt das riesige Bett. Das Kind hat sie auf zwei zusammengerückte Stühle neben sich gelegt. Sie läßt einen Arm aus dem Bett herabhängen, damit sie es berühren kann: Das Kind kommt ihr so fern vor, dort unten auf den niedrigen Stühlen. Müde, wie sie ist, schläft sie schnell ein.

Im Morgengrauen wird sie von Schritten geweckt. Es sind die Soldaten, die aufbrechen. Sie hört ihre Stimmen: »Jetzt komm schon, Robert, wir warten auf dich! Was wühlst du denn so in deinen Taschen?«

»Ich kann mein Notizbuch nicht finden.«

»Welches Notizbuch?«

»Ein kleiner Taschenkalender mit rotem Einband. Vielleicht ist er noch in der Scheune. Ich gehe mal nachsehen.« Einige Minuten später ruft jemand: »Und, hast du ihn gefunden?«

»Nein, Herrgott noch mal!«

»Wir helfen dir suchen.«

Das Hämmern von Schritten auf den Pflastersteinen im Hof verliert sich Richtung Scheune.

Dann kehren die Schritte wieder, passieren erneut das Fenster. Ihr Klang verändert sich, als sie die ungepflasterte Straße erreichen, und bald hört man sie gar nicht mehr.

Schon fällt das Tageslicht hell ins Zimmer, und sie kann nicht mehr einschlafen. An der Wand hängen mehrere Rosenkränze aus dicken, geschnitzten Holzperlen. Das Bett ist aus glänzendem Mahagoni, mit frisch gestärkten Bezügen und Laken, auf denen in Kreuzstich gestickte, rote Initialen prangen. Plötzlich fällt ein Sonnenstrahl in den Raum, wirft sein helles Licht auf das kleine Mädchen, das schlafend auf den beiden Stühlen liegt. Sie wird immer schöner.

Die Wagen setzen sich wieder in Bewegung. Als sie durchs Seitenfenster blickt, kann sie noch einen Moment lang die geöffnete Türe sehen, die zur großen Küche führt: Auf der Schwelle sitzt die Katze und läßt sich von der Sonne wärmen.

Wie schön die Landstraße ist, und wie heiß die Sonne vom Himmel brennt. Manchmal müssen sie am Straßenrand anhalten, um auf einem Spirituskocher etwas Kondensmilch in heißem Tafelwasser anzurühren, denn die Muttermilch geht immer mehr zur Neige.

Wie trostlos, wie finster Boulogne ist. Die Stadt ist wie umzingelt von großen Fesselballons, die schwer am Himmel hängen. In den Straßen und Häusern wimmelt es von Soldaten. Hier müssen die Reisenden in die Banken und Wechselstuben gehen, um alles Geld, das sie besitzen, auf ihren Personalausweisen eintragen zu lassen. Während diese Formalitäten erledigt werden, wartet sie mit ihrem Kind in einem kleinen Café, stundenlang. Der Raum ist voll von englischen Soldaten. Aufmerksam betrachtet sie sie: Ihre Uniformen sind schöner als die der Franzosen, sie wirken bequemer, und die Soldaten scheinen trotz des dicken Stoffs, trotz ihrer Rucksäcke und Gewehre weniger unter der Hitze zu leiden. Ihnen scheint es auch gelungen zu sein, ihre Namen zu vergessen.

Um das Kind in den Schlaf zu wiegen, geht sie im Café auf und ab. Sie tritt ans Fenster, preßt ihre Stirn an die Scheibe. Die Straßen sind überfüllt, aber merkwürdig still.

Die großen Ballons hängen starr am Himmel. Widerstand liegt in der bleiernen Luft. Sie geht wieder in die Mitte des Raums und läuft weiter auf und ab. Die Soldaten unterhalten sich nicht, wortlos sitzen sie wie aufgereiht auf den Bänken des Cafés, als wollten sie Vorräte sammeln an Ruhe und Kraft.

Sie fühlt sich mutterseelenallein, eingeschlossen im Herzen einer gewaltigen, kriegerischen Maschinerie. Sie sucht nach einem Gesicht, auf dem ihr Blick ruhen könnte. Das Kind hebt einen Arm und stößt einen leisen Schrei aus. Sie beugt sich tief über sein Gesicht, um es zu beruhigen, und so verharren sie, ihre beiden Gesichter ineinander vergraben. Plötzlich spürt sie, daß unter dem weiten Morgenrock Blut an ihren Beinen herabläuft. Es ist Stunden her, daß sie sich das letzte Mal um sich selbst kümmern konnte. Am anderen Ende des Cafés sieht sie eine Tür, auf der »Toiletten« steht, doch um sie zu erreichen, müßte sie den regungslosen Block schweigender Soldaten stören. So setzt sie sich an einen Tisch und reibt langsam ein Bein am anderen, um die blutigen Spuren ihrer Mutterschaft zu verwischen.

Der Strand von Crotoy, goldgelb und violett in der Abendsonne, ist am Morgen von blendendem Weiß und schon flimmernd vor Hitze. Die Menschen wollen baden, wollen sich auf dem heißen Sand ausstrecken: auf einen Schlag alle Sorgen und Ängste loswerden, daliegen, warten, endlich wieder aufleben.

Auf der Straße hört sie ein Geräusch, das langsam näherkommt, das scheppernde Geräusch eines Motors. Dann taucht ein merkwürdiger Wagen auf, mit zertrümmerten Scheiben, zerbeulter Karosserie und abgerissenen Kotflügeln.

Er verlangsamt seine Fahrt, dann stirbt mit jähem Geräusch der Motor ab.

Ein Mann steigt aus und sagt: »Ich bin beschossen worden, mein Auto hat sich dreimal überschlagen, dreimal! Dem Motor ist nichts passiert, und mir auch nicht!«

Er lacht; er glaubt, in Gottes Gunst zu stehen.

Die Straße. Wunderschöne, von Bäumen gesäumte Straßen, die nicht mit Schotter gedeckt und nicht immer perfekt in Schuß gehalten sind: Straßen aus Erde und Stein, auf denen man wandern möchte und singen dabei.

Die Straße ist weißflimmernd vor Hitze; auf der Böschung blühen Weidenröschen, graue Kilometersteine kommen und gehen in rhythmischer Folge: Abbeville 10 – Abbeville 15 – Abbeville 20. Sieben Kilometer südlich von Abbeville haben die vier Lastwagen über eine kleinere Landstraße die Hauptstraße erreicht. Sie fahren schnell, und das Geräusch der Motoren übertönt einen anderen Klang. Da taucht plötzlich ein Mann auf, ein Bauer im blauen Kittel, mit Strohhut und einem Stock in der Hand, der ihnen heftig gestikulierend Zeichen macht: »Los, gehen Sie in Deckung! Die im Dorf haben Alarm geschlagen. Direkt über uns wird gekämpft!«

Die Autos halten an, und alle steigen aus.

»Kommen Sie hier in den Seitenweg, unter die Bäume.«

Sie hat sich an einen Baumstamm gelehnt und beugt sich über das Kind; ihr gegenüber steht der Bauer mit dem Rücken an einen anderen Baum gelehnt, die Hand auf den Stock gestützt.

Es war höchste Zeit. Flugzeuge jagen kreuz und quer über den Himmel und rasen aufeinander zu, während von links und von rechts, die Straße hinauf und hinunter Schüsse über ihren Köpfen knattern. Dann ertönt ein lauter, heftiger Knall, und der Bauer sagt in ländlichem Dialekt: »Himmel, Arsch und Zwirn! Die lassen doch tatsächlich ihre dreckigen Bomben los.«

Mit dem Stock im Rhythmus auf den Boden hämmernd, zählt er mit: »... und zwei ... und drei ... und vier ... Jetzt werfen sie sie auch noch in der

Nähe des Dorfes ab, diese verdammten Idioten, mitten auf unsere Felder!«

Auf einmal läuft er mit großen Schritten los in Richtung Dorf, dorthin, wo die Bomben niedergehen, mit erhobenem Stock und bedrohlich geschwungenen Fäusten, von einem unbändigen Zorn gepackt.

Dann kehrt die Stille zurück, und mit ihr die schöne Straße, heiß und ganz aus Erde und Stein. Abbeville 25 – Abbeville 30 – Abbeville entfernt sich mehr und mehr, und es ist so, als würde das dumpfe Echo der Stadt, sobald es die Straße erreicht, an ihren Steinen zerschellen. Ist es schon Zeit, dem Kind die Brust zu geben? Noch ein paar Minuten … Wörter, Fetzen aus einem Satz schwirren ihr durch den Kopf: Abbeville … in Abbeville in der Somme … Plötzlich steht ihr der Satz wieder klar vor Augen, jenes Rechteck von Worten, die sie hundertmal gelesen hat:

Hergestellt in der Buchdruckerei
F. Paillart, Abbeville (Somme)

In Gravigny, wo sie für die Nacht Halt machen müssen, haben alle ihre Reisegefährten ein Zimmer gefunden. In einer Art Wohnküche tischt der Lehrer des Orts ihr und seinen zwei Töchtern Lammkoteletts auf. Die Mädchen, Jeanne und Valentine, sind sechzehn und achtzehn Jahre alt. Der Mann hat traurige Augen und sanfte Bewegungen. Er geht aus dem Zimmer und kehrt mit mehreren Flaschen zurück, die er auf den Tisch stellt. Er sagt: »Das können Sie ohne Bedenken trinken, es ist von mir selbst gemacht, aus Äpfeln und Rhabarber.«

Er hebt ein wenig das Rollo an, um nach draußen zu blicken: »Es kommen immer noch Leute … Bestimmt gibt es nicht genug Übernachtungsmöglichkeiten im Ort, wo sollen die heute abend nur alle schlafen?« Er seufzt und schenkt von seinem Rhabarbersaft nach. Auf den Sesseln und auf dem Boden liegen bunte Seidenkissen, bestickt von Jeanne und Valentine.

Die Stadt ist ein kleines Seebad aus grauem und rötlichem Stein; kleine Türmchen und weiße Gitter zieren die Häuser. Es gibt viele Hotels und viele Garagen. Am Abend ist die Stadt in tiefe Dunkelheit getaucht, aber in den Straßen wimmelt es von Menschen, die sich im Gedränge ansprechen und ausfragen; denn jeder hofft noch, für die Nacht ein Dach über dem Kopf zu finden. Die Stadt ist voller Menschen, die Stadt ist ganz dunkel, doch plötzlich ergießt sich eine Kaskade von grünen und roten Lichtern über die Dächer, die Wände und Gesichter. Eine Sekunde lang steht sie regungslos da, das Kind in den Armen, vollkommen überwältigt: Über ihr ist die Schönheit der Raketen, und eine einzige, reglose Sekunde reicht aus, um diese Schönheit zu erfassen und abzuwehren, jene nüchterne, nutzlose, wunderbare, sich selbst genügende Pracht. Und wenn diese Schönheit in Wirklichkeit dazu bestimmt wäre, in das tiefste Geheimnis aller Dinge einzudringen und aufzublühen im Grün und Rot der Natur, in den farbigen Rhythmen der Erde? Anstatt mißbraucht zu werden und entstellt, falsch wie die Schönheit des behelmten Kriegers und seiner stählernen Klinge, falsch wie die Schönheit des toten Helden, geküßt, verführt, verschmäht ... Über ihr ist die Schönheit der Raketen.

Die Menschen haben sich in die Schutzräume geflüchtet, sie stehen dicht aneinandergedrängt, Schulter an Schulter. Wie viele Stunden lang hat sie ihr Kind mit hochgestreckten Armen über den Köpfen gehalten, um es vor dem Ersticken zu bewahren? Es sah aus wie ein Emblem.

Evreux 5 ... Evreux 10 ... Evreux 15 ...

Wie ein Wunder steht die Kathedrale von Chartres unversehrt und majestätisch an ihrem Platz; sie verschmilzt mit dem Himmel und der Himmel mit ihr.

Ein Stück weiter abwärts, kurz bevor die Straße eine Kurve macht, hält der Wagen an. Alle steigen aus, um ihren Durst zu löschen. Sie geht nicht mit ins Café, sondern bleibt draußen zurück, lehnt sich neben dem Fenster an eine Wand. Ihr ist so, als würde sie all ihr Blut verlieren, wenn sie auch nur noch einen Schritt täte. Sie blickt durchs Fenster in das Café: Der Raum ist blau vor Rauch und voller Soldaten. Vor ihr steigt langsam die Straße an, wird breiter; die Kathedrale ist in gleißendes Sonnenlicht getaucht. Die Häuser sind artig und still, ganz ungestört noch in ihrer Normalität. Junge, leidenschaftliche Stimmen dringen an ihr Ohr, schwellen langsam zu einem Crescendo an: Das sind die Soldaten, die singen. Aus ihrem Körper fließt immer noch Blut, Blut, das ihre Beine befleckt, Blut, das manchmal minutenlang fließt, ohne Unterbrechung. Die Sonne fällt warm auf ihre Hände, brennt ihr auf Stirn und Gesicht. Das Kind auf ihrem Arm ist fast ein bißchen schwer.

Ein warmes, zärtliches Gefühl durchflutet sie, und es ist so, als würde ihr ganzer Körper von einer schweren, süßen Erschöpfung erfaßt. Sie denkt an den Mann, den sie liebt, an sein blondes Haar, wie es ihm manchmal in die Augen fällt. Einer der Soldaten hat den Refrain eines alten Liedes angestimmt, und weil die anderen es kennen und die Ironie darin mögen, stimmen sie aus voller Kehle mit ein: »Das alles ist immer noch besser als Scharlach zu kriegen.« Die Stimmen sind fröhlich und laut, doch als die anfängliche Heiterkeit verflogen ist, werden sie langsam und monoton, jetzt singen sie nur noch, um sich die Langeweile zu vertreiben. Im nahegelegenen Bahnhof setzt sich zischend ein Zug in Bewegung; ein Zug, der nach Paris fährt. Im Vorbeigehen hört sie zwei Soldaten sagen: »Die Zeit schleppt sich vielleicht dahin ...« – »Du sagst es.« Und dann zwei andere: »Ich habe einen Mordshunger.« – »Hier hast du ein Stück Schokolade.« Da sind die friedlichen, einfachen Häuser, die strahlende Sonne, die ergreifende Schönheit der Kathedrale, das winzige Kind in ihrem Arm, da ist ihr von Liebe erfülltes Herz, da sind die Soldaten, die singen, das Blut, das an ihren Beinen herabläuft, der Soldat, der im Gehen Schokolade ißt, da ist die weiche, braune Erde der Beauce. Sie spürt, wie ihr das Herz aufgeht vor Rührung, wie eine große Freude in ihr hochsteigt: Ihre Erinnerungen sind da, lebendig und zum Greifen nah, und ihr warmes, pochendes Herz schlägt im Einklang mit ihnen. Rings um sich erblickt sie die Schönheit des Lebens, seine Freuden, sein Leid: in der Frische der Luft, im Klang der Männerstimmen, in der Farbe der Erde und dem Schimmer des Steins, in der Einfachheit einer Geste, der Alltäglichkeit eines Gesprächs, in der Zärtlichkeit eines Blickes, den Farben, den Tönen, dem Sonnenlicht.

Dann schaut sie auf, lenkt ihren Blick nach oben: O Gott, denkt sie, beschütze deine Kirche, sorge dafür, daß all ihre Steine heil bleiben und daß keiner von diesen singenden Soldaten sterben muß.

Die Sologne ist eine Gegend von üppigem Grün; ihre Dörfer tragen so schöne Namen wie La Ferté Saint-Aubin, und über den Wäldern und Sümpfen erstreckt sich ein friedlicher Himmel. Den ganzen Tag lang hat sie sich ausgeruht, in einem Zimmer, das eine Frau aus dem Dorf ihr angeboten hat; den ganzen Tag lang hat sie gehört, wie die Autos und Laster vorbeifuhren. Am Abend hütet die Frau ihr Baby, während sie das Haus verläßt, um mit kleinen, vorsichtigen Schritten durch die Straßen zu wandern. Der Ort liegt völlig im Dunkeln, doch der Himmel ist hell. Die Straßen sind menschenleer, nur längs der Bürgersteige parkt ein Auto hinter dem anderen. Auf dem Sims eines Schaufensters sitzen zwei Soldaten, die sie ansprechen, als sie vorbeigeht: »Wohin des Wegs, so ganz allein?«

»Oh, ich suche nur …«

»Sie können später weitersuchen – setzen Sie sich doch erst ein bißchen zu uns.«

Als sie hört, wie jung die Stimmen klingen und wie gelangweilt, tritt sie näher und nimmt zwischen den Männern Platz. Beide reichen ihr einen Arm zum Einhaken. Dann lehnt sich einer der Soldaten zu ihr herüber und legt träumerisch seinen Kopf auf ihre Schulter. Ganz sanft spürt sie sein Gewicht. Sie schweigen.

Nach einer Weile sagt einer der beiden: »Also, im Ernst, was suchen Sie?«

»Ich suche einen Gasthof. Ich hoffe, daß es irgendwo noch etwas zu essen gibt.«

»Dann sind Sie also auch nicht aus dem Dorf?«

»Nein ...«

»Kommen Sie, wir helfen Ihnen beim Suchen.«

Sie ziehen sie hinter sich her, so schnell, daß sie nicht Schritt halten kann.

»Was ist denn los? Tun Ihnen die Füße weh?«

»Nein ... aber ...«

Mit leiser Stimme fährt sie fort: »Ich habe gerade ein Kind bekommen, am 9. Mai ist es geboren.«

Sie sagen: »Oh ...« In der Dunkelheit kann sie ihre Gesichter kaum erkennen, aber sie spürt, daß sie verlegen und ein klein wenig ratlos sind. Sie haken sich wieder bei ihr ein und gehen weiter, doch diesmal in ihrem Tempo. Im Gasthof, der sehr voll ist, sitzen Männer aus dem Dorf und Leute, die auf der Durchreise sind, gemeinsam vor einem Rundfunkgerät. Zum dritten Mal wird dieselbe Ansprache übertragen, mit jenem Satz, in dem von einem Wunder die Rede ist. Sie setzen sich an einen Tisch, aber der Wirt erklärt ihnen, daß es nichts mehr zu essen gibt.

»Nicht mal ein Stück Brot mit Wurst?«

»Nein ... Wir haben selber nicht zu Abend gegessen, bis neun habe ich in einer Tour nur bedient. Morgen früh gibt's wieder was.«

»Na, dann trinken wir wenigstens etwas, oder?«

Einer der beiden Soldaten stößt den anderen mit dem Ellbogen an: »Sieh mal, André, da steht eine feine Flasche Weinbrand, der macht warm.«

»Ist dir bei dem Wetter etwa kalt?«

»Nein ... das heißt ... nicht kalt, aber irgendwie doch.«

»*Patron*, zwei Weinbrand, bitte.«

André steht auf und geht zur Wand: »Guck mal, eine Karte von Frankreich ... Ah, das ist so eine, auf der man sehen kann, wo die verschiedenen Käsesorten herkommen. Wie lustig.«

»Ja, das ist lustig.«

Er kehrt zum Tisch zurück, sie stoßen an und leeren ihre Gläser in einem Zug.

Draußen sind die Straßen immer noch menschenleer, und an den Bürgersteigen reihen sich reglos die Autos. Es ist eine schöne, sternenklare Nacht. Und dennoch herrscht eine traurige Stimmung. Sie haben sich wieder bei ihr eingehakt und schmiegen sich leicht an sie. So begleiten die Soldaten sie bis zu dem Haus, in dem sie logiert: mit vorsichtigen, kleinen Schritten.

In der Indre gibt es ein hübsches Dorf. In diesem Dorf gibt es einen großen Platz mit einem schönen Hotel, in dem häufig Feriengäste auf der Durchreise Halt machen: Es heißt Hôtel de la Promenade. Als sie dort eintreffen, drängen sich auf der Hotelterrasse und auf dem Vorplatz so viele Menschen, daß man meinen könnte, ein Dorffest stünde bevor. Ein Lastwagen mit vergitterter Ladefläche steht inmitten der Menge wie ein Raubtierkäfig, der zu einem großen Wanderzirkus gehört. In diesem Käfig sitzen lauter Verrückte, die man von Dorf zu Dorf, von Straße zu Straße aufgegriffen hat. Ihre Pfleger sind ins Hôtel de la Promenade gegangen, um etwas zu trinken.

Sie hat ihr Baby in einen Weidenkorb gelegt, den sie unterwegs gekauft hat, da fühlt es sich wohler. Mit dieser Wiege unter dem Arm hat sie an der Tür des Notars geschellt. Dort ist sie für diese Nacht untergebracht. Das Zimmer, in das man sie führt, ist wunderschön: ein Bett im Empirestil, ein Schrank im Empirestil, die Stühle und eine Wiege im Empirestil. Völlig erschöpft ruht sie sich aus. Vom Erdgeschoß steigt ein berauschender Duft empor, ein Duft nach in Wein gekochtem Fleisch, der sich mit einem anderen süßlichen, fruchtigen Wohlgeruch vermischt. Sie stellt sich die Frau des Notars vor, wie sie vor einer großen Kupferschüssel steht und Obst einmacht ... welche Sorte wohl? Es ist noch zu früh, gerade erst Mai. Im ganzen Haus ist es still, und die Luft, die durchs offene Fenster hereinweht, ist warm. Draußen an der Hauswand, das hat sie gesehen, blühen rosa und blaue Lupinen, und in den Bäumen hört sie Vögel singen.

Eine Stimme durchbricht die Stille: »Babinette, hol mir ein bißchen Petersilie aus dem Garten. Mach schnell, mein Kätzchen.«

Sie hört die Schritte eines Kindes.

In der Nacht herrscht großer Aufruhr im Dorf:

Kurz vor Tagesanbruch trifft eine Kompanie ein und schlägt in einer kleinen Allee gegenüber dem Dorfplatz ihr Lager auf. Soll man denen nun etwas zu essen machen oder nicht? Natürlich soll man. Her mit dem Holz und Papier, das gibt ein schönes, warmes Feuer, dessen Flammen aus dem bullernden Ofen der Feldküche züngeln und sich hell lodernd dem Himmel entgegenstrecken. Schon hat ein Flugzeug sie erspäht, hat das ganze Gelände mit Gewehrfeuer belegt und hier und da ein paar Brandbomben abgeworfen.

Einer der Soldaten sagt: »Das ist unfair, gerade jetzt, wo wir essen wollten.«

Das Haus des Notars ist unversehrt geblieben.

Am Morgen herrscht wieder Ruhe auf dem Platz. Die meisten Autos sind bereits abgefahren, und auch die Soldaten und ihre Laster haben das Dorf verlassen.

Über eine Abkürzung gelangt der Lastwagen, in dem sie sitzt, zur Hauptstraße, über die sich surrend eine Lawine von Fahrrädern wälzt: an die hundert Knaben im Alter von fünfzehn bis achtzehn Jahren, alle auf dem Weg Richtung Süden, alle auf dem Weg nach Toulouse.

Der Wagen hält an, blockiert durch diesen Aufmarsch junger Herzen, diese Flut reiner Seelen, diese Woge von Idealismus. Die Gesichter, noch unentschlossen und ambivalent, sind bleich und bedeckt von dickem, schweißzerfurchtem Staub, der ihnen etwas Greisenhaftes verleiht, und ihre Augen schmerzen vor Verlangen nach Schlaf. Sie sehen aus wie das, was sie sind: erschöpfte Kinder, die schon Hunderte von Kilometern zurückgelegt haben.

Der Wagen fährt erneut von der Landstraße ab, um eine Nebenstraße einzuschlagen, auf der sie schneller vorankommen als auf den großen, überfüllten Straßen. Ab und zu reißt das Kind jetzt minutenlang die Augen weit auf. Sein Gesicht nimmt Gestalt an, sein Blick wird lebendig.

Ein leichter, warmer Lufthauch weht über die Kastanien der Corrèze, ohne daß sich ein Blättchen bewegt. Nur eine große, verlorene Pappel regt sich, säuselnd wie ferne Gewässer. Die Morgenstunden sind in strahlendes Licht getaucht; nachmittags, wenn die Sonne zu den kahlen Hügeln wandert, deren runde Kuppen den Horizont säumen, ist die Luft voll vom Duft nach Heidekraut und trockenem Gras. Die Abende sind friedlich und reglos, die Nächte hell und sternenklar. Der Himmel ist still, wie verlassen. Hier sind die Nächte wieder menschlich geworden.

Bekleidet mit einer Kittelschürze aus kariertem Baumwollstoff, die sie in der Kurzwarenhandlung des Dorfes erstanden hat, schlendert sie zwischen den grauen und weißen Häusern umher. Immer wieder läuft sie zum Weiher hinab, wo Kinder angeln oder einem Aal hinterherjagen, der durchs Schilf gleitet. Als die Sonne schon tief steht, kehrt sie um; doch im Kastanienwäldchen angelangt, ist die Luft so angenehm mild, daß sie sich ins Gras auf die trockenen Blätter setzt und noch etwas verweilt.

Sie träumt von einem Haus, irgendwo am Wegrand, ein Haus mit einem Garten voller Blumen: Abends käme der Mann heim, den sie liebt, er würde sie in die Arme schließen und fest an sich drücken. Die Nächte wären still wie die gestrige, wie auch die Nacht davor, und die Morgenstunden sorglos und frei von Angst. Schöne Nächte würden es sein, menschliche Nächte, in denen man sich noch liebt ... Tränen steigen ihr in die Augen. Das Kind bewegt sich in ihren Armen, und sie atmet seinen leisen Atem ein und seinen milchigen Geruch; und als sie sich über ihr Baby beugt, spendet der kleine, warme Körper ihr etwas Trost. Ob die Welt wohl jemals wieder unbeschwerte Tage erleben wird?

Abend für Abend sitzen die Männer im Gasthof vor einem Rundfunkgerät. Sie trinken Enzianschnaps, Pastis oder süßes Bier. Sie reden über das, was sie gehört haben. Dann gehen sie einer nach dem anderen heim. So verstreichen die Tage, sonnig und still, und jeden Tag sitzen die Männer vor dem Radio. Doch dann wird der Frieden gestört: Von der Straße her tauchen Frauen und Männer auf, die im Dorf Halt machen, und in rumpelnden Lastern donnern belgische Soldaten vorbei, Soldaten, die in größter Eile auf dem Weg nach weiß Gott wohin unterwegs sind.

In Dünkirchen wird gekämpft.

Im Dorf ist ein leichter Wind aufgekommen, der doch so rauh ist, daß dem Kind das Atmen schwerfällt. Sie sucht Schutz unter dem Portal der Kirche, um das Tuch auf dem winzigen Köpfchen zurechtzurücken. Aus der Kirche dringen Kinderstimmen, die nach dem Katechismus anfangen, ein Lied zu singen: »O Herz Jesu ...« Die piepsigen Stimmen schwellen an zu einem schrillen, fast mißtönenden Gesang: »Errette, o errette Frankreich.« Diese Reihung von Worten ist grotesk, lächerlich, unerträglich.

In Gardone finden sie sich in einem Garten wieder, der an Italien erinnert. Zuerst glaubten sie, weiter der Straße zu folgen, doch dann endete der Weg in jenem leicht verwilderten, geheimnisvollen Garten voller Palmen und blühender Lorbeerbäume, der völlig verlassen zu sein scheint. Schließlich tritt aus einer kleinen Allee eine alte Frau auf sie zu, die ihnen im Tonfall der Dordogne den Weg zu einem Gasthof weist. Der Wagen setzt zurück, und plötzlich beginnt alles um sie herum zu leuchten, wie man es sonst nur in Italien erlebt. Liegt es an diesem Garten, oder ist es die Tageszeit, jener Moment, in dem die Sonne sich mit roten, erlöschenden Strahlen zurückzieht? Oder liegt es an der unerklärlichen Helligkeit dieses einen Tages?

Im Gasthof gibt es eine große, einfache Küche, in der gemeinsam gegessen wird, und ein paar aneinandergereihte Zimmer im ersten Geschoß. Man hat ihr das hinterste Zimmer gegeben. Das Kind sieht in dem riesigen Bett aus dickem Massivholz verloren aus, wie ein Däumling aus einem Märchen. Ein heftiges Sommergewitter bricht plötzlich über den nächtlichen Himmel herein, und als sie aufsteht, um das Fenster zu schließen, dringt zwischen dem Donnergrollen ein anderes Geräusch an ihr Ohr, so als würden Bomben explodieren oder Granaten. Vielleicht lassen sie in der Pulverfabrik von Bergerac die Munition hochgehen, denkt sie, oder es sind Kampfflugzeuge, die sich im Sturm verirrt haben. Dann glaubt sie, Motoren zu hören, ein Brummen, gedämpft durch den Wolkenbruch, das abwechselnd näherkommt, sich entfernt und wiederkehrt und dem schließlich eine Reihe von kurzen, heftigen Explosionen folgt, die sich deutlich vom lauteren, volleren Krachen des Donners abheben. Sie wartet noch etwas, ehe sie das Fenster schließt. Zuckende Blitze erleuchten Dächer und Gärten, und für einen kurzen Moment nehmen alle Dinge ihre gewohnten Farben an, ein flüchtiger Anklang des Tages inmitten der Nacht. Die Luft ist frisch und erfüllt vom Duft des Ozons. Wenn mein Kind und ich in diesem Krieg sterben müssen, denkt sie, dann soll das durch einen echten Blitzschlag geschehen.

Das kleine Mädchen hat zum ersten Mal gelächelt. Gebettet in einen altmodischen Kinderwagen, den ihr eine Bäuerin aus dem Weiler geliehen hat, liegt sie am Rand eines Kiefernwäldchens unter den Bäumen, irgendwo in den Landes. Ein Sonnenstrahl dringt durch einen Riß im Verdeck und wirft einen leuchtenden Stern auf ihre Wange. Es ist der Moment des Tages, da langsam die Hitze nachläßt und die aufgeheizte Erde all ihre Gerüche aufsteigen läßt. Auf der anderen Seite des Weges spritzt ein dünner, dunkelhäutiger Junge, der einen Kanister auf dem Rücken trägt, mit ruckartigen Bewegungen die Weinreben. In der Ferne hört sie ein Pfeifen, das immer näher kommt, dann sieht sie, wie hinter den Kiefern, am Ende des Waldes, der Bummelzug vorüberfährt, der Beautiran und Cabanac verbindet: Es ist Zeit umzukehren. Der Weiler besteht nur aus acht oder zehn Häusern, und alle Männer und Frauen sind draußen zusammengekommen, um über die Neuigkeiten zu reden, die sie im Radio gehört haben: Die Deutschen sind in Paris. Nur eine Frau steht mit undurchdringlichem Gesicht im Türrahmen ihres Hauses. Und als gäbe sie Antwort auf eine stumme Frage, sagt sie: »Warum heute weinen und nicht gestern, warum heute und nicht an allen Tagen, die wir all die Jahre verlebt haben? Und in jenen vergangenen Tagen hatten wir auch nicht weniger Grund zu weinen ...«

Ihre Augen leuchten, und ihr Gesicht ist ein Bild der Gelassenheit. Auf den Sinn ihrer Worte geht sie nicht näher ein; mit einem Blick auf das kleine Mädchen, das strampelnd in seinem Wagen liegt, fügt sie hinzu: »Es wird Zeit, Sie müssen los: An jedem Tag, den Gott uns schenkt, muß dieses Kind essen.«

Tag für Tag geht die Mutter am späten Nachmittag mit ihrem Kind spazieren. Sie durchquert den Weiler, läuft an den Weinbergen vorbei die Straße hoch und macht am Waldrand Halt, um sich dort auszuruhen. Manchmal geht sie auch bis ins Dorf hinab, wo Kirche und Rathaus stehen und es einen Bäcker gibt und ein Café. Das dauert länger, zumal der Weg steinig ist und eins der Räder am Kinderwagen keinen Gummireifen mehr hat; er rattert wie ein Handkarren. Unter den Platanen vor dem Rathaus stehen Militärfahrzeuge, und auf den Trittbrettern und den Stufen des Kirchenportals sitzen Soldaten. Soldaten gehen auch im Café ein und aus oder spielen mit einer jungen Amsel, die sie gezähmt haben und die nicht mehr von ihnen weicht. Manchmal, wenn ihnen das Nichtstun zu langweilig wird, spielen sie still eine Runde Karten, während die Amsel von Schulter zu Schulter hüpft. Selbst untereinander scherzen sie nicht, und ihre Gesichter sind frei von jeder Keckheit. Ernste Gesichter sind es, mit sanftem Blick, in dem bisweilen etwas aufblitzt wie ein heimlicher, tief verborgener Wunsch, den man erspüren muß, ohne ihn beim Namen zu nennen. Gesichter, frei von jeder törichten Keckheit oder Unvernunft. Ob sie von einer höheren Gewalt geleitet werden, von etwas Unaussprechlichem, das ihnen eingegeben wurde, einer Kraft, die jedem lebenden Geschöpf innewohnt?

»Bleiben Sie noch lange hier?«

»Wir warten auf Befehle ...«

Wie oft schon hat sie diesen Satz gehört. Sie kann sich noch gut an sie alle erinnern: an die Männer jenseits der Grenze, denen ihr Name ins Gesicht geschrieben stand, an jene Männer, die sie auf einer Bahre trugen, an jene Männer im Bauernhof, die morgens in aller Frühe weiterzogen, an die singenden Männer in Chartres. Alle warten sie auf Befehle. Doch es gibt einen Befehl, den sie schon in sich tragen, den niemand ihnen gegeben hat und der doch stärker ist als all die anderen, die nicht kommen oder noch kommen werden. Dieser Befehl entspringt dem tiefsten Grund der Zeit und vielleicht auch den fernen Ufern der Zukunft.

Sie geht zu den Soldaten hin, unterhält sich noch ein wenig mit ihnen. Lächelnd antworten sie, präsentieren die Amsel, erzählen, was der Vogel am liebsten frißt. Und als sie zurück zum Weiler hochsteigt, muß sie weiter an die Soldaten denken, an diese Männer und ihr großes Geheimnis.

Die Nachrichten überschlagen sich und werden zusehends schlechter. Es heißt, die Loire sei ein stählernes Bollwerk, aber Wasser ist schließlich nur Wasser, und auch die Franzosen sind nur Menschen.

Die Tage werden immer heißer. In den grünschimmernden Weinreben wachsen die ersten Trauben. Im Radio, das den ganzen Tag über läuft, werden die Nachrichten von seltsamen Durchsagen unterbrochen: eins, zwei, drei, vier, fünf, sechs, und so weiter bis fünfzig oder dreiundfünfzig. »Fünfundzwanzig A. C. gemeldet, Landstraße 60 verlassen, Landstraße 80 nehmen.« Der Duft der Kiefern, deren durchlöcherte Stämme den Weg links des Weilers säumen, hängt schwer in der stillen Luft. Mit ruckartigen Bewegungen spritzt der dünne, dunkelhäutige Junge die Weinreben am Hang. Von Beautiran kommend fährt der Zug vorbei: Es ist Zeit, das Kind an die Brust zu legen. »Sechzig A. C. auf der Landstraße 93 gemeldet.« Eins, zwei, drei, vier, fünf, sechs, und so weiter bis achtundfünfzig.

Das Radio läuft Tag und Nacht.

Die sommerliche Sonne brennt unbarmherzig vom Himmel, und nur die Wiesen, schon goldgelb gefärbt, bewegen sich abends im leichten, fast unmerklichen Hauch einer Brise.

Seit heute wird nicht mehr gekämpft.

Wie warm es ist. Durch das weit geöffnete Fenster trägt die Nachtluft den Duft der Kiefern herein.

Sie ist bis ins Dorf hinuntergegangen. Die Militärfahrzeuge sind fort: Der Platz vor dem Rathaus ist leer. Dafür sind andere Lastwagen gekommen – schwere Laster mit starken Motoren, auf deren schwarzen Karosserien weiße Totenköpfe prangen. Die Soldaten, alles junge, meist blonde Männer, sind groß und stark, mit schönen, gut geschnittenen Uniformen aus festem Stoff. Sie sagen nicht viel, sie sind ruhig, korrekt. Sie strahlen die Gelassenheit von Siegern aus.

Sie läuft wieder zum Weiler hoch. Vor dem Haus der Frau mit dem undurchdringlichen Gesicht bleibt sie stehen. Einen Moment lang sehen die beiden sich wortlos in die Augen. Das Kind wird wach, als es spürt, daß es nicht mehr geschoben wird; da sagt die Frau: »Los, Sie müssen weiter mit ihr spazierengehen. Und singen Sie ihr ein Lied vor.«

Die Frau tritt wieder ins Haus; sie stellt eine Kanne Kaffee zum Aufwärmen in den offenen Kamin, direkt in die Glut. Die Mutter mit dem Kinderwagen setzt ihren Weg fort. Und tief in ihrem Herzen hat sich eine Erinnerung eingeprägt, die niemals erlöschen wird: Soldaten, die mit ernster Miene Karten spielen, während eine Amsel von Schulter zu Schulter hüpft.

Es war nötig gewesen, jene vergangenen Tage wachzurufen.

Das Leben hat weiter seinen schwierigen, langsamen Lauf genommen: ein seltsames Leben wie im Schlaf.

Das kleine Mädchen hat laufen gelernt. Das kleine Mädchen hat sprechen gelernt.

Eines Tages stehen Mutter und Kind Kopf an Kopf am Fenster und schauen hinaus. Das kleine Mädchen sieht einen Hund vorbeilaufen, und dann einen kleinen Jungen, dem sie zuwinkt. Die Mutter denkt an einen breiten Streifen Land, der von der Maas bis nach Marseille reicht.

Um sich herum hört sie Stimmen, hört Frauen und Männer sagen: »Frankreich ist von der eigenen Armee geschlagen worden.«

Die Mutter betrachtet das Kind, lächelt ihm zu, zeigt ihm ein Pferd, das auf der Straße einen Karren zieht. Es ist noch viel zu klein, um zu begreifen, was seine Mutter ihm sagen will – läßt sich das überhaupt in klare Worte fassen? Es ist etwas Unaussprechliches, so schemenhaft wie das kleine Mädchen selbst; ihr Verstand und ihr Denken müssen sich erst noch entwickeln. Die Jahre werden sie zur Frau machen, werden ihr eine klare Vorstellung vom Leben geben.

»Hör nur, was für ein schönes Lied: Einäugige Schnecke, leih mir deine Fühler …«

Doch die Stimmen lassen nicht nach: »Welchen Sinn hat es schon, die eigene Flotte zu versenken? Ist das nicht einfach ein weiteres Opfer im Zuge der Selbstaufgabe?«

Still jetzt, und nichts als Schweigen … damit kein Platz für blasphemische Reden bleibt.

Juli 1943

Wenn der Morgen dämmert

»Es regnet in Strömen«, hat der Mann gesagt, der vor der offenen Tür steht. Das herabstürzende Wasser klatscht auf den Bürgersteig und spritzt über die Füße des Mannes. In der finsteren Luft hängt ein Geruch von Hitze. Ein glühend heißer Tag mitten im Juli ist vergangen, und es ist, als hätten die Regenfluten die düstere Hitze der Luft zurück zum Boden gespült. Solch ein Regen war das; und zuvor hatte es ein ebenso heftiges Gewitter gegeben.

»Es schüttet wie aus Kübeln«, sagte der Mann.

»Das sieht man«, sagte der Wirt des Bistros. »Und wie man das sieht, Herrgott noch mal, das braucht man doch nicht auch noch zu sagen.«

So regnete es in meiner Heimat. Wir standen in einer Nische neben der Tür und sahen zu, wie das herabstürzende Wasser den Obstgarten voller Apfelbäume überflutete.

»Sieh mal, wie das Wasser hochspritzt«, habe ich zu ihm gesagt und auf die Steinbank vor uns gedeutet. »Das Wasser spritzt hoch. Siehst du, wie das Wasser hochspritzt?« hat er lächelnd gesagt. Dann schubsten wir uns gegenseitig unter dem Vordach hervor, in den Regen hinein. Nach einigen Minuten hat er unser Spielchen unterbrochen und gesagt: »Du Verrückte, du bist ja klatschnaß.« Er hat mich wieder in die Ecke gezogen, dicht an sich; dort sind wir geblieben, seine Hand auf meiner Schulter. Wir sahen zu, wie das Wasser am Boden die von den Apfelbäumen gerissenen Blätter zermalmte.

Den Mann, der den Regen betrachtet, kann ich nicht immer sehen. Vor der Theke steht eine Gruppe Gäste, so daß ich ihn von meinem Tisch aus nur sehe, wenn im Tumult des Gesprächs die Köpfe und Körper den Blick freigeben. Aber die Glasscheibe des Bistros sehe ich in ihrer ganzen Länge. Ich sehe, wie hinter dem Regenschleier eine Silhouette vorbeihastet, und dann erblicke ich zwischen den Männerköpfen Carrol, der den Raum betritt. Er beugt sich über die Theke und sagt ein paar Worte zum Wirt, der als Antwort mit dem Kopf in meine Richtung deutet; darauf begrüßt Carrol alle, die vor der Theke stehen, und bestellt ein Glas Rotwein, um mit ihnen zu trinken. So als hätte er mich plötzlich erblickt, tritt er dann auf mich zu und reicht mir die Hand.

»Guten Tag, Madame«, sagt Carrol und kehrt zu seinen Kameraden zurück. Kurz darauf kommt er wieder zu mir herüber: »Na, wie geht's?« sagt er laut, setzt sich neben mich, beugt sich zu mir und fügt mit gedämpfter Stimme hinzu: »Léa, ich bin gekommen, so schnell ich konnte ... Ich mußte den Nachtbus nehmen, diese Scheißkerle haben uns eine Stunde länger festgehalten, damit wir kapieren, daß sie bereit sind, uns in die Pfanne zu hauen ... Was Raffinierteres hätte ihnen nicht einfallen können ... Ich bin von der Bushaltestelle direkt zu dir gelaufen. Meine Mutter weiß nicht mal, daß ich zurück bin.« Er hat noch seine Arbeitskleidung aus der Fabrik an. Seine blaue Leinenjacke ist vom Regen durchnäßt. Der Zorn läßt sein schmales, hageres Gesicht hart erscheinen, doch seine Augen blicken mich zärtlich an, und aus seinen schwarzen Haaren sehe ich feine Regentropfen laufen, die ihm über Stirn und Schläfen rinnen.

»Léa«, sagt er erneut.

»Du solltest dich umziehen, du bist ganz naß«, sage ich.

»Ich möchte bei dir bleiben.«

»Aber du könntest dich erkälten, so durchnäßt, wie du bist.«

»Ich koche vor Wut«, sagt er lachend. »Geh nicht, in ein paar Minuten setze ich mich zu dir. Ich will nur bei den anderen mein Glas austrinken.«

Mein Blick schweift über die Gesichter der Arbeiter, über Carrols Gesicht zwischen ihnen, und als die Köpfe sich ein wenig verschieben, sehe ich den Mann im Türrahmen wieder. Er steht ganz allein vor dem Regen, der laut und peitschend auf das Pflaster der Gasse klatscht und plötzlich aus der Realität zurückzutreten scheint, vor meinem Blick verschwimmt, um sich zu wandeln, wieder real zu werden und in meine Erinnerung einzufließen, ein sichtbarer, strömender Regen, der den Obstgarten voller Apfelbäume überflutet, und ich höre seine Stimme, sehe seine hohe Stirn, über die eine blonde Strähne fällt. Wir standen Seite an Seite, und auf meiner Schulter ruhte das Gewicht seiner

Hand. Wir waren einander vollkommen gleich, nicht wie zwei Menschen, sondern eins, und das schon seit einer stillen Ewigkeit, so als kämen wir beide aus einem tiefen Abgrund von Zeit und gingen gemeinsam auf dieselbe Nacht zu, von der schleichenden Ungeduld der Zeit gequält. Und so war es jedesmal, wenn wir zusammen waren. An jenem Tag, an dem der Regen laut und peitschend wie heute vom Himmel fiel, sind wir in das Haus gegangen und haben die Türe verschlossen. Wir setzten uns an den Tisch und begannen, unser Brot zu verzehren, sorglos wie Kinder, die sich beim Essen vergnügen. Lachend stritten wir uns um einen Apfel, der größer war als die anderen. Es war so, als würden sich traurige Kinder auf dem Schulhof die Zeit vertreiben. Unser Lachen erstarb, und die Dunkelheit legte sich über unser Schweigen. War es die Nacht, die draußen hereinbrach und nun ins Zimmer kroch? War es die Nacht, die in unseren Seelen heraufzog und alles in ihr Dunkel tauchte? Ich weiß es nicht, ich weiß es nicht mehr. Aber ich erinnere mich, wie sich langsam alles verfinsterte und wie inmitten dieser Nacht meine Hand die seine berührte. Behutsam hat einer den anderen zu sich herangezogen, bis unsere Ellbogen sich berührten. Ich mit nach hinten gebogenem Körper, unter meinen Lenden das eisige Wasser eines umgekippten Glases, das über das harte Holz des Tisches lief, und er über mich gebeugt, so haben wir unsere Liebe ein zweites Mal verfehlt. Aber dennoch, mein Gott, ist es nicht dennoch vollendete Liebe, wenn zwei Wesen sich in der Ewigkeit ein und derselben Nacht verbinden? Ich spürte, wie seine eisigen Hände über meinen Körper glitten, ich spürte, wie seine eisigen Hände meine Hüften und meine Schultern umfaßten, und seine Hände und seine Augen, die im Dunkel der Nacht auf Erden und im Dunkel unserer Herzen funkelten, sagten mir *du lebst noch*, und in diesem *noch* schwang so deutlich all jenes künftige Nichts mit, daß *du lebst noch* ganz klar bedeutete *du bist schon tot.* Das Gewicht unserer Körper noch in unseren Körpern, sind wir in die Nacht hinausgegangen. Wir haben den Garten durchquert, ein eisiger Wind peitschte uns ins Gesicht, durchdrang unsere Kleider. Wir sind den Weg hinaufgelaufen und haben uns auf halber Höhe einer steilen Böschung neben den Bäumen auf die feuchte Erde gesetzt, umhüllt von der noch regennassen Nacht. Die Kälte ließ uns bis in die Knochen gefrieren. Mit seinen Händen hat er die Blätter, die den Boden bedeckten, zur Seite geschoben und auf die freie Stelle etwas Reisig gelegt. »Das Feuer wird nicht brennen«, habe ich gesagt. »Nein, es wird nicht brennen«, hat er geantwortet. Aus seinen Taschen zog er Streichhölzer und etwas Papier, das er unter das Reisig schob, und im Schein der Flammen sah ich einen kurzen Moment lang, wie blaß sein Gesicht war. Wir streckten unsere Hände der feuchten Feuerstelle entgegen, von der nur noch ein hauchdünner Rauch emporstieg. »Wärmen wir uns doch auf«, und wieder haben wir gelacht. Am Himmel wälzten sich schwarze Massen über- und untereinander, und ich habe gesagt: »Sieh mal. Sie füllen den Himmel aus, in seiner ganzen Breite, aber gewiß auch in seiner Tiefe. Was ist das nur, was sind sie?« »Nichts«, hat er gesagt. »Sie sind nichts. Sie werden ihre nutzlose Jagd fortsetzen. Oder sie entladen sich über unseren Köpfen, und wir werden davon nur einen eisigen Schauer abbekommen.« Ich spürte, wie sein Körper vor Kälte schauderte, und meine Hand berührte den nassen Stoff, der seine Schulter umhüllte, naß und kalt wie vorhin Carrols Jacke. Ich wende mich zu Carrol um, sehe sein Gesicht und seinen Blick, der auf mir ruht. Als er sieht, daß ich ihm den Kopf zuwende, lächelt er mir zu und reicht mir ein volles Glas:

»Darf ich Ihnen ein Glas Rotwein anbieten?«

Er stellt zwei Gläser auf den Tisch und setzt sich neben mich. »Siehst du, ich komme, um mit dir anzustoßen«, sagt Carrol.

Wir heben die Gläser, lassen sie aneinander klingen, und in dieser Berührung liegt etwas Tröstliches: Carrols Glas, für seine Hand ein simples Gefäß, das einfach da ist, macht durch die Berührung auch mein Glas zu einem simplen Ding, das einfach da ist. Doch als mein Glas *das seine* berührte, blieb jene anrührende Phantasie aus, denn das Glas, das nichts war in meiner Hand, berührte ein Glas, das nichts war in seiner Hand. »Siehst du, ich komme, um mit dir anzustoßen«, hat Carrol gerade zu mir gesagt. Das enge Café ist hell erleuchtet, die Männer, die dort trinken und sich miteinander unterhalten, suchen nach der Arbeit etwas Ablenkung. Carrols Gesichtszüge sind ein wenig entspannter, und ich nehme Farben und Formen besonders deutlich wahr, jeder Gegenstand scheint vollkommen gegenwärtig zu sein. Carrol betrachtet mich und sieht sich um. Das Rot der Wände ist verblichen. Sie sind von einer Farbschicht bedeckt, die ich mit dem Finger berühren kann. Man bräuchte nur eine winzige Stelle abzukratzen, um die genaue Dicke dieser Schicht zu kennen.

»Hör mal«, sagt Carrol, »ich gehe kurz heim, ich muß meine Mutter beruhigen, und dann komme ich wieder her und hole dich ab. Du wartest doch auf mich? Wir gehen zusammen zu Paulu, da habe ich mich mit zwei Freunden verabredet. Prima Kerle sind das, die mußt du kennenlernen. Wir drei haben für morgen diese Sache vorbereitet ... Echte Freunde eben. Mit denen war ich im Krieg, verstehst du ... Also, ich gehe kurz heim, und du wartest hier auf mich.«

»Ja«, sage ich. »Du wirst wieder ganz naß werden, Carrol. Es regnet doch. Zieh dich um, laß die durchnäßte Jacke nicht an.«

»Ich werde mich umziehen«, sagt Carrol, »und außerdem bringe ich einen Schirm für dich mit. Warum lachst du? Ist es nicht nett von mir, dir einen Schirm zu bringen?«

»Doch, Carrol, das ist sehr nett.«

Carrol steht auf, geht durch die Gasse davon.

Das Rot der Wände ist verblichen, der enge Raum ist hell erleuchtet, jede Farbe, jede Form scheint vollkommen gegenwärtig zu sein. Und dennoch ...

Ich warte auf Carrol.

Der Mann, der in den Regen hinaussieht, verläßt seinen Platz auf der Türschwelle. Zurück bleibt der große, leere Türrahmen, in dem mir nichts mehr die Sicht versperrt. Die Wassertropfen fallen jetzt leichter, in größeren Abständen herab. Doch der Mann ist nicht fort, er steht noch in der Gasse, den Rücken an die Scheibe des Bistros gelehnt, unschlüssig, ob er seinen Weg fortsetzen soll. Er hat den Kragen hochgeschlagen und die Hände in seine Taschen geschoben. Ich frage mich, warum er nicht hereinkommt und hier wartet, bis der Regen vorüber ist. Vielleicht hat er kein Geld. Aber man kann doch auch ohne Geld eine Weile im Bistro an der Wand stehen und sich mit den Leuten unterhalten. Außerdem würden ihm die Männer, die hier sind, früher oder später schon ein Glas anbieten. Wenn man gemeinsam an der Theke steht und redet, trinkt man auch gemeinsam, so ist das eben. Aber vielleicht redet dieser Mann nicht gerne. Da, jetzt geht Jasminot an dem Mann vorbei und kommt rein. Jasminot ist frisch rasiert, seine graumelierten Haare sind ordentlich geschnitten, er kommt vom Friseur. Die anderen an der Theke begrüßen ihn lachend.

»He, Jasminot, du hast dich aber schön gemacht.«

»Na, du bist wohl verliebt, oder?«

»Verliebt«, sagt Jasminot. »Ihr vielleicht, ihr Idioten. Aber ich doch nicht mehr, in meinem Alter.«

»He, Jasminot, man kann doch im Herzen jung bleiben. Oder?«

»Im Herzen jung bleiben ...« sagt Jasminot. »Da fällt mir eine Geschichte ein.«

»Erzähl mal, wir geben dir einen aus.«

»Wenn schon, dann gebe ich einen aus, ich bin als letzter gekommen«, sagt Jasminot.

»Und? Ist es eine Liebesgeschichte?«

»Kann man wohl sagen«, sagt Jasminot.

»Wirt, er hat gesagt, er gibt sechs Gläser Wein aus.«

»Sieben, mit mir«, sagt der Wirt.

»Da war mal so ein armer Kerl«, sagt Jasminot.

»Die ist aber nicht lustig, deine Geschichte.«

»Sie ist nicht lustig, aber sie ist komisch«, sagt Jasminot.

»Wir sind ganz Ohr. Auf dein Wohl.«

»Da war mal so ein armer Kerl«, sagt Jasminot, »der hatte seine Geliebte umgebracht, hatte sie in kleine Stücke geschnitten und am Abend in den Fluß reingeworfen. Vor Gericht sagte er kein Wort, saß nur jämmerlich auf seiner Bank, grad so, als wär er taub. ›Na los‹, hat ihn der Richter angeschnauzt, ›jetzt antworten Sie schon. Warum haben Sie Ihre Freundin getötet?‹ Nach einer Weile macht der Kerl den Mund auf und sagt leise: ›Weil ich se geliebt hab.‹ Der Richter brüllt: ›Kreuzdonnerwetter! Warum haben Sie sie dann in Stücke geschnitten und in den Fluß geworfen?‹, und der andere sagt wieder: ›Weil ich se geliebt hab.‹ Also gut, die lassen ihn in Ruhe, er wird schuldig gesprochen und zu einer Zuchthausstrafe verurteilt.«

»Lebenslänglich?«

»Nein, zu zwanzig Jahren, aber unterbrich mich nicht«, sagt Jasminot. »Beim Urteilsspruch sagt er immer noch nichts. Völlig teilnahmslos. Grad so, als wär er taub. Der Richter schreit ihn an: ›Zwanzig

Jahre! Haben Sie gehört? Zwanzig Jahre!‹ Da hebt der Kerl sein jämmerliches Gesicht und sagt: ›Wenn man liebt, ist man immer zwanzig.‹« Jasminot trinkt einen Schluck, stellt sein Glas ab, und die anderen sehen ihn an.

»Merkwürdige Geschichte«, sagt der Wirt. »Da hast du uns aber reingelegt, Jasminot.«

»Aber immerhin sagt sie was aus«, sagt Jasminot. »Außerdem soll euch das eine Lehre sein, mich für einen Stenz zu halten, bloß weil ich mir die Haare hab schneiden lassen.«

Carrol kommt zurück, lehnt seinen Schirm an die Theke und mischt sich unter die Männer.

»Spazierst du jetzt mit 'nem Schirm herum?« fragt Carouges.

»Warum soll er denn nicht mit 'nem Schirm herumspazieren?« sagt Jasminot.

Carroll sieht Jasminot an, lächelt ihn an, und Jasminot zwinkert Carrol zu. Hinter der Scheibe sehe ich den wartenden Mann nicht mehr. Er ist gegangen, ich weiß nicht, wann; wahrscheinlich, weil der Regen aufgehört hat. Auch Carrols Jacke ist völlig trocken. Er hat sich umgezogen und trägt nicht mehr die vom Regen durchnäßte blaue Stoffjacke, so naß und kalt wie der Stoff, auf dem meine Hand lag, als wir auf der Böschung saßen, über unseren Köpfen jene schwarzen Massen, die den ganzen Himmel bedeckten. Ich spürte, wie er vor Kälte bebte und sagte: »Laß uns nicht länger hierbleiben.« Er rührte sich nicht. »Du bist eiskalt«, sagte ich. »Laß uns reingehen, oder wir trennen uns, aber hier können wir nicht länger bleiben.« »Dir ist auch kalt«, sagte er. Wir überquerten den Weg und kamen zum Gartentor. Wir blieben einen Moment lang stehen, in der Stille der Nacht. »Ich gehe«, sagte er dann. Er ergriff meine Hand und hielt sie in seinen Händen. »Du bist völlig durchgefroren«, sagte er. Er führte meine Hand an seine Wange und ging den Weg hinunter. Ich ging ins Haus. Seit dieser Nacht habe ich ihn nicht wiedergesehen. Es dauert immer sehr lange, bis wir uns wiedersehen. Da ist nichts zu machen. Nicht das geringste. Etwas aufzubauen, so zu tun, als lebte man, ist mit unserer Vision nicht vereinbar. Aber sie übt einen solchen Zauber auf uns aus, daß wir, wenn wir uns durch Zufall oder durch ein Wunder wieder zusammenfinden, trotz unseres Wunsches zu fliehen stunden- oder tagelang nicht auseinandergehen können. Wir bleiben nah beieinander, auf der Schwelle unseres Schattenreiches, die Hände und Körper in wilder Zärtlichkeit verschlungen. Und wenn sich unsere Blicke begegnen, sagen wir nichts, doch im anderen den gleichen und einzigen Gedanken zu lesen, läßt unser beider Gesichter erstrahlen. Es ist so, als wäre dies unsere einzig mögliche Hoffnung, die einzige Rettung: diese Vision, die uns manchmal verbindet und dann wieder auseinandertreibt.

»Also los, gehen wir zu Paulu«, sagt Carrol.

»Ja«, sage ich.

Es ist finster in der Gasse, es regnet nicht mehr, Carrols Regenschirm ist überflüssig geworden. Er benutzt ihn wie einen Spazierstock, und kein anderes Geräusch begleitet uns. Wir überqueren den kleinen, mit Bäumen bepflanzten Platz; ein Windstoß fährt durch alle Äste, von denen für einen kurzen Moment ein ungleichmäßiger Regen auf uns herabrieselt. Plötzlich öffnet sich der Platz, und ich sehe in der Ferne, daß der Himmel sich aufgehellt hat; über den Bergen zeigt sich schon der Schimmer einer klaren Nacht. Doch von der Erde steigt noch ein angenehmer Duft empor wie nach einem Gewitter, ein feuchter und zugleich warmer Wohlgeruch, so als würde die Hitze der Luft, die von den Regenströmen zum Boden gespült worden war, auf einmal wieder frei. Über allem liegt eine benommene Stille, auf den Weinreben, den harten Agaven und allem Gestrüpp.

»Gehen wir gleich rein, hier gibt es weder eine Glocke noch einen Türklopfer.«

Das war Carrols Stimme. Ich hatte nicht bemerkt, daß wir schon bei Paulu angekommen waren. Ich hatte geglaubt, daß ich alleine sei und der Weg kein Ende hätte.

Auf dem viereckigen Schotterplatz vor dem Haus liegen Schatten. Die Tür führt direkt in die Küche.

»Ist Paulu da?« fragt Carrol.

»Er ist noch nicht heimgekommen«, sagt Paulus Frau, »aber eure Freunde sind schon da.«

Carrol tritt in das Zimmer, das neben der Küche liegt. Ich bleibe einen Moment bei Paulus Frau; sie faltet Bettwäsche, die sich in einem Korb türmt.

»Ich werde Ihnen helfen«, sage ich.

»Ach was, das ist nicht nötig«, sagt sie. »Wissen Sie, es beunruhigt mich, was sie da angezettelt haben. Wenn sie wenigstens die Masse hinter sich hätten.«

»Seit einem Monat mühen sie sich jetzt schon ab«, sage ich. »Sie müssen das ganz allein durchfechten.«

»Tatsache ist ...« sagt sie.

»Was ist, kommst du nicht guten Tag sagen?« ruft Carrol.

Ich gehe in das zweite Zimmer hinüber, reiche Carrols Freunden die Hand.

»Das ist Leslie Fay, und das ist Gab Ortiguez«, sagt Carrol.

»Sind alle Vorbereitungen beendet?« frage ich, um etwas zu sagen.

»Sie fangen gerade erst an«, sagt Leslie und sieht mich aus seinen kleinen, fröhlichen Augen an. »Sehen Sie, wir drei hier haben uns eines Tages zusammengetan, um für eine große Sache zu kämpfen, so etwas wie die Freiheit, die Schönheit der Welt; jetzt tun wir uns zusammen, um für unsere Brötchen zu kämpfen.«

»Das Land ist verdorben«, sagt Carrol.

»Laßt mich bloß in Ruhe«, sagt Ortiguez. »Du mit deinen Phrasen, und du mit deinen Floskeln.«

Die beiden Burschen sind ganz anders als Carrol, und ich frage mich, was sie bloß in seiner Fabrik suchen. Leslie Fay hat einen Akzent, der von weit her kommt, von seinem Namen einmal ganz abgesehen. Fay, Ortiguez und Carrol sind im gleichen Alter, kaum älter als zwanzig, und alle drei tragen auf dem Revers ihrer Jacke das Emailabzeichen der Fallschirmjäger. Aber das ist auch schon alles, was sie mit Carrol gemein haben. Ihre Haltung, ihre Gesten, ihre Stimmen verraten, daß sie sich für etwas rächen müssen, wohl ihre entgangene Jugend, die im Stacheldraht zerfetzt wurde, aufgesogen von einer schnellen Folge atmosphärischer Schichten, inmitten bleierner Nächte, die Zeugen ihres sonderbaren Abstiegs vom Himmel zur Erde wurden. Sie haben alles verloren, das wissen sie, und darin liegt ihre Stärke und ihr Verhängnis. Auch Carrol hat alles verloren, doch er weiß es nicht. Das macht seine Schwäche aus und ist zugleich sein Glück. Eines Tages, tief in einem Wald voll zerfetzter Bäume, haben sie das einfache Gemüt des kleinen Carrol gebraucht, und dieses Bedürfnis hat sie nicht mehr losgelassen. Doch die Freundschaft, in der die drei verbunden sind, ist gefährlich für Carrol. Und diese Freundschaft, die in einem Abgrund aus Schlamm und Einsamkeit entstand, ist gegen alles gefeit.

»Ah, ich glaube, das sind Paulus Schritte«, sagt Carrol, der vor dem Fenster steht.

»Na, dann lasse ich euch mal weiterreden«, sage ich.

»Du willst gehen?« fragt Carrol mit gesenkter Stimme.

»Warum willst du gehen? Es gefällt mir nicht, daß du mich einfach so verläßt. Ich komme später noch mal bei dir vorbei, um dir gute Nacht zu sagen.«

Draußen ist es dunkel, Nacht, und ich gehe durch die Nacht hindurch weiter den Weg hoch. Denn die Nacht bringt dich wieder zu mir zurück. Du mit mir, aber auch du ohne mich, so wie du auch selbst bist, mit deinem mageren, großen Körper, der sich vor Nervosität verzehrt, diesem Körper, mit dem du dich in jede Unruhe stürzt, die du irgendwo auf der Welt aufflackern siehst. Es ist Nacht, und du bist bei mir in dieser Nacht, aber du bist zugleich in den angsterfüllten Straßen von Shanghai, in jenem notdürftig geschützten Lastwagen, und du bist in Belgien, in jenem lehmverschmierten, in einem Erdloch gefangenen Panzer, wo du an die verkeilte Tür gepreßt den Todesruf der Granaten erwartest und bedauerst, daß sie dich nicht unter einem sternenübersäten Himmel treffen. Ebenso sitzt du vor einem schneebedeckten Felsen an jener Biegung der Straße nach Navacerrada, den Gewehrkolben zwischen die Fersen geklemmt, zusammengekauert im Gebüsch neben deinem Kommandeur, jenem siebzigjährigen, alten Zigeuner. Und du bist an der Küste von Somalia, inmitten einer violetten Dämmerung, so wie du auch an irgendeinem anderen Fleck der Welt bist, von wo du jedesmal noch magerer und unruhiger zurückkehrst. »Und?« frage ich dich. »Nichts«, antwortest du. Du lächelst mich an, mit deinem Lächeln, das zugleich teuflisch und resigniert ist, dein ganzes Gesicht hat an diesem Lächeln teil, und als du sprichst, sprudeln die Worte im Rhythmus deiner sich schnell bewegenden Lippen und Zähne hervor. Du erzählst mir von Shanghai oder Madrid, den Kämpfen in Beauce oder in

Birma, einer langen Reihe von Menschen, von Gefahren, Landschaften, in die du eintauchst und die du mit dir zurückbringst, nicht um dich in die Welt einzufügen, sondern dich ihr zu entreißen. »Das einzige, was ich von all dem habe ...« Ich höre, wie deine Stimme zu mir spricht, und vor dir jene Skulptur eines Königshofes aus schwarzem Stein, die du mit nach Europa gebracht hast und die der Hauch des Todes umweht. Und ich bin in der Nacht, die dich zu mir bringt, bin ganz umhüllt von einer Nacht, die mehr ist als Nacht, die die Bäume, die Steine, die Tiere unter den Blättern bedeckt, du und ich inmitten der Nacht, nicht wie zwei Menschen, sondern eins, und wir leiden gleichermaßen unter der schleichenden Ungeduld der Zeit.

Ich steige den Weg wieder hinab, komme vor dem leuchtenden Viereck des Fensters an und sehe Carrol, Paulu, Leslie und Ortiguez, die um den Tisch sitzen. Vorsichtig setze ich einen Fuß vor den anderen, immer darauf bedacht, nicht an die Steine des Weges zu stoßen: Sie haben mich nicht vorbeigehen gehört, und ich setze meinen Weg etwas rascher fort, bis ich zu Jasminots Haus komme. Ich treffe ihn in der Küche sitzend an, zwischen den Knien einen eisernen Leisten. Er repariert die Schuhe seines jüngsten Sohnes. Seine Frau und die Kinder sind im Bett. Mit gebeugtem Rücken nagelt er den Stiefel, der zu einem vierjährigen Fuß gehört, glättet den faltigen Schaft, die abgeschabte Spitze. Er hat den Kopf gehoben und sagt:

»Guten Tag, Léa, freut mich, daß Sie mir einen

kleinen Besuch abstatten. Es gibt da etwas, das Sie beunruhigt, nicht wahr?«

»Ja«, sage ich.

»Wir gehen morgen zusammen hin«, sagt Jasminot, »morgen in aller Frühe, wir beide zusammen.«

»Glauben Sie, daß sie etwas erreichen werden?«

»Sie sind wie die Kinder. Sie sind fünfzig, das macht fünf Streikposten à zehn Personen, und es sind zweitausend Arbeiter. Und vor allem gibt es da einen Oberhäuptling, der ist ein richtiger Widerling.«

»Und man kann gar nichts tun, um ihnen zu helfen?«

»Was wollen Sie denn tun?« sagt Jasminot. »Wir sind doch nichts, weniger als nichts.«

Ich schweige, so als hätte er mich in meine Schranken verwiesen, mir den einzigen Platz zugewiesen, den ich verdient habe. Jedem Nagel, den Jasminot mit dem Finger zur Hälfte hineindrückt, versetzt er anschließend regelmäßige kräftige Schläge.

»Die Zahl«, sagt Jasminot. »Die Zahl und die Zeit.«

Er hat diese Worte auf eine merkwürdige Weise ausgesprochen, so als wären sie in Großbuchstaben geschrieben oder als hätten sie eine besondere magische Bedeutung. Dann fügt er hinzu: »Das Böse ist viel schlagkräftiger als das Gute. In Null Komma nichts verbreitet es sich, überschwemmt und beherrscht alles. Man braucht mindestens tausend Männer auf der Seite des Guten, um einen Mann auf der Seite des Bösen zu besiegen.«

»Aber es ist doch schon vorgekommen«, sage ich, »daß Leute in kleiner Zahl ...«

»So etwas ist noch nie vorgekommen«, sagt Jasminot. »Allerdings ... ja, etwas Gutes kann wirklich etwas gleich großes Böses besiegen, und sogar etwas noch größeres, aber dazu braucht es Zeit, sehr viel Zeit. Eine unendlich lange Zeit.«

Die letzten Worte scheinen Jasminot beschwichtigt zu haben. Er hat sie leise, fast zärtlich gesprochen. Jetzt schweigt er. Langsam fährt er mit der Feile über das Leder am Schuhrand, um der Sohle den letzten Schliff zu geben. Er nimmt den Schuh vom Leisten und stellt ihn auf den Tisch, wo er aufrecht stehenbleibt, die Spitze ein wenig nach oben gebogen wie der Bug eines Schiffes, auf seiner funkelnagelneuen Sohle.

»Und jetzt den anderen?« sage ich.

»Nein, den anderen mache ich morgen«, sagt Jasminot. »Jetzt werden wir etwas wirklich Gutes essen.«

Er stellt eine Tarte aus goldgelb gebackenem Teig mit eingesunkenen Oliven und Sardellen auf den Tisch, aus der wir Stücke herausbrechen. Jasminot ißt langsam, mit ruhigem Blick, doch ohne jede Freude.

Wir verabreden, am nächsten Morgen gleich im Morgengrauen loszugehen, ich drücke ihm die Hand und mache mich auf den Weg, aber nach ein paar Schritten ruft er mir hinterher: »Léa, seien Sie lieb zu Carrol.«

»Das bin ich«, sage ich, »so sehr ich nur kann.«

»Ich weiß«, sagt Jasminot.

Die Nacht ist ruhig; die Sterne leuchten, jene Sterne, deren Anblick du vermißtest, als du glaubtest, dein Tod sei nahe. Ein leichter, schon wieder wärmerer Wind hat die Steine fast getrocknet, nur in den Vertiefungen des Bodens glitzern noch Wasserspuren. Als ich vor meinem Haus ankomme, ist Carrol schon da und sitzt auf dem Fenstersims.

»Die Tür ist nicht abgeschlossen«, sage ich, »warum bist du nicht hineingegangen?«

»Ich habe nicht den Mut hineinzugehen, wenn du nicht da bist«, sagt Carrol. »Ich habe immer Angst, daß Germinie noch in der Küche ist.«

Im Dunkeln durchqueren wir Germinies Küche. Licht durchflutet mein Zimmer. Carrol drückt mich an sich, ich lege meine Hand auf seinen Kopf und streichele ihm sanft über das schwarze Haar.

»Du bist meine Frau …«, sagt Carrol. »Du bist doch meine Frau, oder?«

»Die Nacht«, sage ich, »sieh doch die Nacht.«

»Was? Welche Nacht?« sagt Carrol, während ich ihn zum Fenster ziehe.

Carrol nimmt mich wieder in den Arm, und ich streichele ihm weiter über das schwarze Haar. Er hat den Kopf an meine Schulter gelegt, er spricht, aber ich höre nicht, was er sagt. Den Blick starr auf die Dunkelheit vor dem Fenster gerichtet, spreche auch ich.

»Léa«, sagt Carrol. »Léa, was erzählst du denn da?«

Ich habe das Fenster geschlossen. Carrol ist lange bei mir geblieben.

Durch Germinies dunkle Küche habe ich ihn zurückbegleitet.

»Um wieviel Uhr brichst du auf?« fragte ich.

»Jetzt«, sagte Carrol, »mit Ortiguez' Motorrad.«

Ich habe die Lampe in meinem Zimmer ausgeschaltet und das Fenster geöffnet.

Jetzt ist der zweite Tag. Trotz der frühen Stunde ist die Hitze schon da. Und der Himmel ist vollkommen klar, das gestrige Gewitter hat alle Wolken verjagt. Jasminot und ich steigen in den Bus. Während der ganzen Fahrt sagen wir fast kein Wort. Je weiter wir aus den Bergen hinabfahren, desto drückender wird die Hitze. Der leichte Fahrtwind erfrischt uns ein wenig, doch als wir aussteigen, finden wir uns in der brütend heißen Stadt wieder, wo kein Lufthauch Erleichterung schafft. Und da ist auch die Fabrik, ein massiger Komplex aus roten Ziegeln, durchbrochen vom Südportal mit seinen verschlossenen Gittern. Um die Fabrik herum herrscht eine merkwürdige Ruhe, jene äußere Ruhe, die mit der gewohnten morgendlichen Arbeit einhergeht. Ich sehe Jasminot an, Jasminot sieht mich an.

»Sieht fast so aus, als wäre da was schiefgegangen«, sagt Jasminot.

Als wir um die Fabrik herumgehen, begegnen wir nur zwei oder drei Frauen mit Einkaufstaschen am Arm. Vor dem Nordportal herrscht die gleiche Ruhe. Die Sonne brennt so heftig auf diese Leere herab, daß jeder Ziegel des Gebäudes, jeder Stein im Bürgersteig glühend heiß wird. Ein viereckiges Stück Asphalt, das dunkler als der übrige Boden ist, scheint langsam zu schmelzen; ein schwerer Geruch steigt daraus auf. Wir gehen unnütz durch diese brennend heiße Leere, durch diese steinerne Wüste, an diesen stummen Ziegeln entlang, die ein altbekanntes, dumpfes Dröhnen umschließen, uns davon trennen, uns zurückstoßen, uns den Zugang versagen. Mir ist heiß, noch nie ist mir so heiß gewesen. Ich lehne mich an die Backsteinmauer.

»Jasminot …« sage ich.

Ich habe eher geschrien als gesprochen. Jasminot packt mich an der Schulter und schüttelt mich langsam.

»Aber, aber, Léa«, sagt er.

Wir überqueren die Fahrbahn und dann den großen freien Platz, der sich vor der Fabrik erstreckt, wir irren über den baumbestandenen Gehsteig. Unwillkürlich schauen wir in jedes Bistro, doch alles ist ruhig, vollkommen ruhig.

»Da«, sage ich. Vor der Terrasse eines kleinen Cafés steht ein Motorrad, und Carrol ist auf Ortiguez' Motorrad gekommen.

Ich ziehe Jasminot hinter mir her.

»Es gibt mehr als ein Motorrad in der Stadt«, sagt Jasminot.

Doch an den Sitz ist der hellblaue Pullover gebunden, den Carrol in kühlen Nachtstunden immer bei sich hat.

Im Café treffen wir auf Ortiguez.

»Wo ist Carrol?« frage ich. »Und was ist geschehen?«

»Carrol geht es gut«, sagt Ortiguez. »Eine einfache Schramme an der Hand, nicht mehr als ein Kratzer. Und ansonsten …«

Jasminot und ich warten darauf, daß er weiterspricht. Wir sind durch die leere Hitze geirrt, bestimmt sind unsere Gesichter schweißüberströmt und überrascht, begierig auf jedes Detail: Ortiguez schaut uns an. Er fängt an zu lachen. Wir warten immer noch.

»Hör doch auf zu lachen«, sagt Jasminot.

»Und ansonsten hat es nicht einmal eine Viertelstunde gedauert«, sagt Ortiguez. »Acht Leute waren wir. Ein Posten mit acht Leuten.« Und er fängt wieder an zu lachen.

»Und die zweiundvierzig anderen?« sage ich.

Ortiguez hört auf zu lachen. Er starrt vor sich hin, und plötzlich steht ihm eine entsetzliche Gleichgültigkeit ins Gesicht geschrieben. In die Stille hinein und ohne, daß sich sein Gesichtsausdruck verändert, sagt er: »Sie sind pünktlich gekommen wie alle anderen, zur vorgeschriebenen Zeit, ihre Brotzeit unter dem Arm. Man hat sie gestern abend gekauft, Grozzi hat sie gekauft.«

»Das ist noch mieser als alles, was ich erwartet hatte«, sagt Jasminot.

»Wer ist Grozzi?« frage ich.

»Sie kennen ihn bestimmt«, sagt Jasminot, »das ist dieser schwarzhaarige Dünne, der zur Zeit an der Straße wohnt, die zum alten Fort hochführt, ganz in der Nähe von unserem Kaff.«

»Ja und?« sage ich, denn jetzt verstehe ich wirklich überhaupt nichts mehr.

»Dabei ist es doch eigentlich ganz einfach«, sagt Ortiguez.

»Ja und?« sagt auch Jasminot.

»Wo man uns plötzlich auf eine so niederträchtige Weise im Stich gelassen hat«, sagt Ortiguez, »haben wir ein bißchen herumgestikuliert, wir acht gegen zweitausend weniger acht. Zwei oder drei Fausthiebe hat's gesetzt, und Spott nicht zu knapp. Da war nichts zu machen. Paulu hat sich auf den dicken Charles gestürzt, auf den wir so sehr gezählt hatten, da haben drei Typen Paulu gleich festgehalten, während er immer weiter schrie: ›Haben sie dich gekauft, du Lump? Die haben dich gekauft, was?‹ – ›Na und?‹ hat der dicke Charles geantwortet. ›Besser, man wird gekauft als arbeitslos.‹ Ein anderer hat gesagt: ›Warum mußtet ihr euch auch aufspielen wie Grünschnäbel, wo selbst die Gewerkschaft nicht dafür war.‹ Und dann kamen so Sachen wie: ›Wir haben die Streikerei satt, seit zwei Jahren streiken wir, ohne daß was dabei rauskommt.‹ Nein, das hat nicht mal eine Viertelstunde gedauert, die Fabriksirene hat geheult, und wir sind von den reinströmenden Leuten mitgerissen worden.«

»Und Carrol«, sage ich, »hat er einfach so die Arbeit wieder aufgenommen?«

»Was sollte er denn sonst machen?« sagt Jasminot.

»Aber Sie?« sage ich zur Ortiguez.

»Ich? Oh, ich brauche kein Geld«, sagt er.

»Hast du welches?« sagt Jasminot.

»Ich habe das hier«, sagt Ortiguez und zieht zwei zerknitterte Hundertfrancscheine aus seiner Tasche. »Ich habe das hier, aber ich pfeif drauf.«

»Und du bist gleich hierhergekommen?« fragt Jasminot.

»In den zwei Stunden, seit dieser Spaß vorüber ist, habe ich Zeit gehabt, mich zu informieren. Ich kenne viele Leute in dieser Stadt.«

»Unsere Leute wissen, was sie von ihm halten sollen«, sagt Jasminot. »Sobald irgendeine miese Sache läuft, steckt Grozzi dahinter. Jeder haßt ihn. Aber hier lassen sie wie Schafe alles mit sich machen.«

»Und da war noch was«, sagt Ortiguez. »Ein Direktor hat uns einen kleinen Vortrag gehalten, nur uns acht. Daß eine Aufbesserung der Löhne unangebracht sei. Da zum einen die Erhöhung der Produktionssteuer kaum Auswirkungen auf die Verkaufspreise haben wird. Da es zum andern ungerecht wäre, wenn als Folge daraus die Arbeitgeber allein die ganze Last der neuen Steuergesetze tragen. Außerdem sei es zweckmäßig, die Arbeitszeit zu verkürzen und infolgedessen auch die Löhne. Ich habe nicht gewartet, bis er mit seinem Vortrag zu Ende war, ich habe meine Mütze genommen und bin gegangen. Ich will ja gern alles verlieren und auf der Seite der Besiegten stehen, aber ich mag es nicht, wenn man mich für dumm verkauft.«

»Und Leslie?« sage ich.

»Leslie ist geblieben. Er kann ja jederzeit gehen, zurück nach England, zu Vater und Mutter, nach Cambridge und so weiter. Vielleicht fällt es ihm auch schwer, Carrol allein zu lassen.«

Ortiguez hat Gott weiß woher einen kleinen Stock hervorgezogen, an dem er mit seinem Taschenmesser herumzuschnitzen beginnt. Mehrere Minuten lang. Dann legt er sein Stück Holz auf den Tisch, neben seine zerknitterte Barschaft. Seine gleichgültigen Augen richten sich wieder auf einen Punkt vor ihm.

»Das war mies«, sagt Ortiguez. »Aber mir ist es schnuppe.«

»Wer ist Grozzi?« frage ich.

»Ich habe es Ihnen doch gesagt«, antwortet Jasminot. »Das ist dieser große, dunkle Dünne, ein Spanier, manche halten ihn auch für einen Italiener. Ab und zu läßt er sich für zwei, drei Monate hier nieder und tut dann so, als wäre er beschäftigt, als würde er versuchen, sich die Erde hier nutzbar zu machen. Im Moment bewirtschaftet er alleine ein kleines Stück Land an der Straße zum alten Fort. Sobald er auftaucht, sagen die Leute, daß jetzt wieder alles mögliche schiefgehen wird. Ob es nun eine schlechte Ernte gibt oder ein Mädchen nichts mehr von einem Mann wissen will oder ein Kind Fieber bekommt, die Leute sagen immer: ›Das ist Grozzis Schuld.‹ Wenn die Sache klar ist, so wie heute morgen, geht er für eine Weile fort. Kehrt in seine Heimat zurück. Man fragt sich, wie er so einfach immer wieder über die Grenze kommt. Morgen oder übermorgen wird man ihn im Dorf bestimmt nicht mehr sehen, man wird ihn so lange nicht mehr sehen, wie es dauert, bis alles ein wenig vergessen ist. Der würde besser ein für allemal drüben bleiben, hinter seiner Grenze.«

»Kann man denn so einen Kerl nicht verhaften lassen?« frage ich.

»Warum und von wem?« sagt Ortiguez. »Das wäre allerliebst, meine Gnädigste.«

Ortiguez lacht leise vor sich hin. Dann folgt

Schweigen. Eine ganze Weile sitzen wir drei so da, die Arme auf den Tisch gestützt, stumm und regungslos.

»Wer ist Grozzi?« frage ich.

»Also wirklich, Léa!« sagt Jasminot.

Die Hitze ist wieder über mich gekommen, wie eben vor der stummen Fabrik, die Hitze ist wieder über mich gekommen, so als würde die Sonne flüssig an meiner Haut kleben.

»Also los, jetzt bleibt uns nichts anderes übrig, als nach Hause zu fahren«, sagt Jasminot. »Im Dorf wartet Arbeit auf mich.«

»Ich fahre heute abend mit Carrol und Leslie hoch«, sagt Ortiguez. Jasminot und ich verlassen das Café, und Jasminot fragt mich: »Fahren Sie mit mir zurück?«

»Nein«, sage ich, »ich will ein bißchen laufen, wir sehen uns alle heute abend.«

Ich drücke Jasminot die Hand. Ich gehe die Straße entlang, ohne zu wissen, wohin ich gehe, inmitten glühend heißer Mauern und Pflastersteine, quälender blauer, gelber und roter Flächen, so als liefe ich durch die Hitze und durch einen Blutstrom hindurch. Die Farben verschmelzen ineinander über der Stadt, und ich laufe mit meiner Verletzung durch diese beklemmende Hitze und die Farben, vor deren Hintergrund sich rhythmisch wiederkehrend eine einzige Frage aufdrängt, so als schallte sie mir aus den Farben und der Hitze selbst entgegen: »Wer ist Grozzi?« Ich laufe durch das Grauenvolle dieser leuchtenden, heißen Stadt, durch diese Sonnenfanfare hindurch, wo grelle Insekten mit dünnen Beinen und Zitronenflügeln sich zwischen Pflastersteinen und auf glühenden Mauern niederlassen, zerbrechliche, trockene, farbenprächtige Insekten, laute Insekten mit länglichen roten und gelben Körpern, dünnen, flattrigen Panzern, Beinen und Flügeln, mit den großen, vorspringenden Augen von Tagvoyeuren. Nachts haben diese Insekten schöne, feuchte Panzer, die sich nur durch ihr glänzendes Schwarz vom verblaßten Schwarz der Schatten abheben.

Und ich laufe und laufe durch das Blau und Gelb und das schmerzende Leuchten hindurch. Doch plötzlich, mit einem Mal, verstummt die drängende Frage, und meinen wunden Blicken bleiben nur mehr schweigende Farben und eine stumme Glut, die in ihrer stillen Abscheulichkeit zur Antwort selbst geworden zu sein scheinen.

Sonderbar ruhig, so als sei von meinem Ekel nur noch eine Art Müdigkeit geblieben, setze ich mich auf eine niedrige Mauer, die einen kleinen begrünten Platz inmitten der Stadt umgibt. Ja, sage ich, es gibt Leute, die überschreiten die Grenzen auf unterirdischen Wegen und ziehen das Leben, das ihnen anvertraut wurde, durch Schotter und Schlamm, an ihren Kleidern klebt der Lehm, und ihre Augen sind an die Schatten der Erde gewöhnt, und es gibt Leute, die sie unter freiem Himmel überschreiten, immer in sauberen Kleidern, geschniegelt und gebügelt, wie man so sagt. Ich habe mit gesenkter Stimme gesprochen, wie zu mir selbst. Ein Kind mit einem Brot im Arm ist vor mir stehengeblieben und schaut mich neugierig an.

Doch ich lächle ihm zu, ich führe mein Selbstgespräch nicht fort, sondern lächle ihm zu, wie jeder es tun würde. Enttäuscht geht das Kind weiter; dann kehrt es noch einmal für einen Augenblick zu mir zurück, mit einem Gesicht, als hätte man es überlistet, und es sieht jetzt aus wie Carrols Gesicht, der sich tief über seine Maschine beugt. Ich sehe die Ereignisse des gestrigen Tages und des heutigen Morgens wieder vor mir, die mich in diese glühende Stadt geführt haben, belanglose, völlig simple Geschehnisse, die im Grunde genommen nicht viel bedeuten. Und wenn man dahinterblickte? Die Zahl und die Zeit, hat Jasminot gesagt. Ja, aber: wir sind eins, und uns quält die schleichende Ungeduld der Zeit.

Wieder betrachte ich die schmerzenden Farben und die stumme Hitze um mich herum. Alles schweigt, und meine Ruhe bleibt. Ich laufe noch ein wenig durch die Stadt. Ich gehe auf den Bahnhof zu, wo sich die Endstation der Busse befindet. Ich wähle einen Platz an einem offenen Fenster. Der Wagen fährt nur kurz durch die heißen Straßen; bald kann man zwischen den bewaldeten Hängen das Meer erkennen. Doch unsere Straße entfernt sich von der Küste, und wir fahren ins Land hinein. Wir werden durch die Hügel fahren und dann durch die Berge. Aber ich kümmere mich nicht um die Zeit, die verstreicht, ich schaue nicht mehr nach draußen. Ein frischer Lufthauch weht über meine Haut, die noch feucht vom Schweiß ist, und mir ist fast kalt. Ich schließe die Augen und tauche ein in die Finsternis.

Am Dorfeingang steige ich aus dem Bus, doch ich gehe nicht in den Ort hinein, sondern schlage einen anderen Weg ein und laufe auf ein ausgedehntes Bambusdickicht zu, in dem ich gestern vor dem Sturm mein Fahrrad zurückgelassen habe. Ich wollte zu Fuß den Rundweg hochsteigen, der zu jenem Punkt des Gebirges führt, von dem aus man bis zum Meer blicken kann; ich war auf dem Gipfel, als die ersten Regentropfen fielen, und bin über eine steile Abkürzung hinabgeeilt, die direkt in den Ortskern führt. Mein Fahrrad liegt noch genauso da, wie ich es zurückgelassen habe, ich ziehe es unter den Ästen hervor, fahre mit vollem Tempo und entferne mich mehr und mehr vom Dorf. Bald muß ich langsamer fahren oder das Rad sogar schieben, je nachdem, wie stark die Steigung ist. Als die Straße endlich bergab führt, bin ich gut fünftausend Meter vom Dorf entfernt, das hinter mir verschwindet, verdeckt durch den Hügel, den ich jetzt hinabfahre, während ich vor mir schon den nächsten Anstieg erblicke. Dort, wo die Steigung beginnt, in dem engen, kleinen Tal, auf dessen gelbem, steinigen Grund nur trockene Gräser wachsen, halte ich einen Augenblick an. Hinter mir liegt der stille Hügel, sozusagen mit seiner Rückseite, und nichts läßt erahnen, daß sich auf der anderen Seite ein Dorf an seinen Hang klammert. Vor mir, hoch oben auf der Kuppe des Hügels, sehe ich die massigen, bräunlichen Umrisse des alten Forts und auf dem Hang, der dorthin führt, deutlich näher zu mir als zum Gipfel hin, das von einigen Weinstökken und Olivenbäumen umgebene Haus wie in einer Oase inmitten dieser Dürre. Mein Blick schweift über den von steilen, trockenen Erdhängen umringten Talschluß; kein Lüftchen regt sich hier, zu dieser Stunde ist es noch heiß, und mein Körper ist wieder in Schweiß gebadet. Dicht über dem Boden veranstalten Insekten mit ihren trockenen Membranen einen ohrenbetäubenden Lärm. Die Sonne geht unter; in diesem engen Gesichtskreis kann man sie schon nicht mehr sehen, doch sie hinterläßt ihre blutroten Spuren. Das Bild dieser Landschaft, die sich vor meinem Auge erstreckt, prägt sich mir deutlich ein: könnte ich mich auch darin bewegen, ohne sie zu sehen. Nun kehre ich um, fahre den Weg in entgegengesetzter Richtung zurück. Ich erklimme den stillen Hang des Hügels. Hinter den Biegungen des Weges, den ich hinabfahre, taucht langsam das Dorf wieder vor meinen Augen auf.

Am Bambuswäldchen angelangt, schiebe ich mein Fahrrad wieder unter die Äste.

Ich gehe kurz nach Hause.

Eiligen Schrittes laufe ich dann zum Ortskern.

Ja, jetzt beeile ich mich. Ich beeile mich, um vorwärtszukommen.

Im engen Bistroraum stehen Jasminot, Carrol, Leslie und Ortiguez gemeinsam mit anderen um die Theke herum. Ich reiche jedem die Hand und sehe, wie Carrols Blick voller Zärtlichkeit auf der Jacke ruht, die ich mir zu Hause über die Schultern geworfen habe. Ich ziehe sie wirklich nur selten an, und sie ist sehr hübsch; doch daran habe ich nicht gedacht, als ich sie überzog. Carrol tritt zu mir, seine Hand streift mit einer traurigen, zärtlichen Geste über mein Handgelenk. »Gute Léa«, sagt er. Ich trinke das Glas Wein, das meine Kameraden mir anbieten; und während meine Hand, die das Glas hält, sich Carrols Glas entgegenstreckt, ist es so, als bliebe sie in Wirklichkeit auf dem Tresen liegen, abwartend und regungslos. Der Schwung, den diese Hand mit dem Glas beschreibt, erscheint mir wie eine gepunktete Linie auf einem Malbogen für Kinder, die man mit einem schwarzen Stift nachzeichnet. Nein, die Hand, die sich hier erhebt, hat keine Bedeutung, und keine Geste zählt, wahr ist hingegen, daß die Hand, die sich erhebt, auf dem Tresen liegt, abwartend und regungslos; und so ist es diese unsichtbare Hand, die mit vollen, schwarzen Linien gezeichnet ist. Jasminot spricht mit mir; alle sprechen mit mir, doch ich höre sie nicht. Ich antworte ihnen, ohne meine Antwort zu hören. Ihre Worte haben in diesem Moment keinerlei Bedeutung. Ich warte darauf, daß die Nacht hereinbricht, daß das Sterben des Tages endlich vollzogen ist. Ich schlüpfe in die Ärmel meiner Jacke; Carrol spielt mit meinem Gürtel, er breitet ihn flach auf der Theke aus, wickelt ihn um sein Handgelenk. »Gib her«, sage ich zu Carrol. Ich schlinge den Gürtel fest um meine Taille und sage den Männern Lebewohl.

Draußen ist es ziemlich finster; doch hier und da zerreißt noch eine durch das Dunkel irrende, fahle Helligkeit die Nacht. So als ginge ich spazieren, bewege ich mich langsam auf das Bambuswäldchen zu. Wie schon am Nachmittag finde ich mein Fahrrad unter den Ästen wieder und fahre dann dieselben Wege bergauf und bergab. Hinter den Bergen, im Herzen der Nacht, liegt noch ein rosaroter Schimmer, verblaßte Farben, die sich aufzulösen beginnen. Meine Fahrt dauert zwei Stunden, vielleicht auch nur einige Minuten; hier spüre ich nichts von der Last der Zeit. Ich lasse das enge, kleine Tal, dessen gelbes Gestein nun ganz erloschen ist, hinter mir und spüre unter meinen Schritten die trockenen Gräser. Am Fuß des ersten Olivenbaums lege ich mein Fahrrad hin. Ein schwaches Licht schimmert in zwei Fenstern rechts und links der Tür. Ich bin ganz leise: Behutsam taste ich mich auf den geflochtenen Sohlen meiner Espadrilles, wie sie die Leute hier tragen, vor. Die Stirn dicht an der Scheibe, spähe ich zwischen den groben Leinenvorhängen hinein: Ein Mann liegt in Kleidern auf einer schmalen Pritsche. Er hat ein hageres Gesicht und schwarze Haare, und seine Gesichtszüge sind durchaus hübsch zu nennen. Ein großer, dunkelhäutiger Spanier, manche halten ihn auch für einen Italiener. In diesem Gesicht ist weder Häßlichkeit noch Bosheit, eher ein ganz profaner Leichtsinn. Ein halb gepackter Koffer liegt offen auf dem Tisch, und auf einem Stuhl neben dem Bett steht ein Wecker, so als plane der Mann, im Morgengrauen aufzubrechen und ruhe sich zuvor noch ein wenig aus. Für einen Moment schließe ich die Augen: Wenn ich weiterführe, über andere Berge hinweg, und am Rande einer Straße Rast machte, würde der Mann an mir vorbeigehen, wieder nach einem Aufbruch, mit einem frischen Geschmack auf den Lippen; sogleich würden sich die ersten Sonnenstrahlen auf meiner Stirn brechen und mein ganzes Herz durchfluten. Die Tür ist neben mir. Doch wenn ich den Türgriff herunterdrückte, in der Hoffnung, er möge nachgeben, welch ein Geräusch gäbe das? Ich schaue erneut ins Haus. An der gegenüberliegenden Wand, neben der Pritsche, steht eine Tür einen Spalt weit auf. Ich gehe um das Haus herum, mich an seinen Mauern entlangtastend. Das hintere Zimmer liegt in völliger Dunkelheit, die nur vom Türspalt durchbrochen wird, der es mit dem Vorderzimmer verbindet, und ein Fenster ist nicht geschlossen. Vorsichtig stoße ich gegen die lichtlose Scheibe, steige hinein und gehe lautlos durchs Zimmer. Vor der halboffenen Tür bleibe ich einen Augenblick stehen, auf der Schwelle zum vorderen Zimmer; aus der Tasche meiner Jacke ziehe ich das kleine korsische Messer, das du mir gegeben hast. Und ich trete ins Licht.

Ich rufe: »Grozzi.« Er öffnet die Augen, sieht mich im Schleier seines plötzlichen Erwachens, richtet sich halb auf, um meinen Arm zu packen, der jedoch, noch ehe er ihn berührt, auf seine Schultern herabsinkt, wie um ihn zu umschlingen, und so gelangt meine Hand an seinen Rücken, und ich stoße zu. Er zuckt zusammen und fällt schwer auf meinen Arm, den ich mit aller Kraft unter seinem Rücken hervorzuziehen versuche. Er packt mich an den

Schultern, um mich zurückzustoßen, doch der jähe Schmerz in seinem Rücken hindert ihn daran, sich wieder aufzurichten, mich weit von sich zu schleudern. Einen Moment lang verharren wir so, er auf dem Rücken liegend, die Arme nach mir ausgestreckt, die Hände gegen meine Schultern gestemmt, während ich mit der ganzen Kraft meines Oberkörpers dem Druck standhalte. Ich ziehe meinen Arm, der endlich befreit ist, an mich, um ihn sogleich an seine Brust zu führen, und stoße zu, stoße, ich weiß nicht wie oft, mitten in seinen Oberkörper, bis seine Wäsche und meine Hände von Blut befleckt sind, bis seine Arme, die meine Schultern halten, an mir herunterfallen, bis sein Kopf langsam von einer Seite auf die andere rollt. Aus seinem weit aufgerissenen Mund schießt mir drei oder vier Mal, in langen Abständen, sein Atem entgegen. Schließlich rührt er sich nicht mehr. Vor meinen Augen klafft der Schlund seines Mundes. Mit den Händen drücke ich seine Kinnlade hoch, und sofort erfaßt mich ein unermeßlicher Schmerz. Eine ganze Weile verharre ich so, die Hände an sein Gesicht gepreßt, während mein Herz sich fügt, während meine Hände sich in der Starrheit und Kühle des Todes beruhigen. So hat es sich zugetragen, und es geschah gestern abend.

Ich trat für einen Moment aus dem Haus; die Dunkelheit umhüllte mich, ich war sehr ruhig, doch ich hätte mir gewünscht, es würde regnen. Nachdem ich in allen Winkeln des Gartens und in den Verschlägen gesucht hatte, fand ich einen großen Spaten mit langem Stiel, den ich, über die Lenkstange und den Sattel gelegt, auf meinem Rad befestigte. Dann kehrte ich zu ihm zurück; sein Gesicht war schon ruhig und schön. Die Decke, auf der er lag, faltete ich doppelt und umhüllte seinen Oberkörper damit, erfüllt von der traurigen Liebe, die mir für die Farbe des Blutes blieb. Ich habe mein Fahrrad geholt, habe es an das Bett gelehnt, seinen Körper auf das Blatt des Spatens gezogen und ihn mit meinem Gürtel fest an den Sattel gebunden. So habe ich ihn durch das Gesträuch und den kleinen Buschwald, der sich ums Haus herum erstreckte, zu einem Eichenwald gebracht, in dessen dauerndem Schatten die Erde weicher war. Es muß kurz nach Mitternacht gewesen sein, kaum später: Es schien mir jene Uhrzeit zu sein, von der man nicht weiß, ob sie die erste oder die letzte Stunde des Tages ist.

Mit großer Mühe habe ich ein Loch gegraben, einige Stunden lang. Obgleich die Erde hier feuchter war, hätte es für eine solche Arbeit mehr als nur zwei Frauenarme gebraucht. Dennoch erreichte ich mein Ziel. Ich habe ihn auf den Grund der aufgewühlten Erde gelegt; ehe ich die Erdbrocken wieder über ihn warf, habe ich das Gesicht dieses Mannes, der für mich keinen Namen hatte, mit einem meiner Taschentücher bedeckt. Ich verließ den Eichenwald und ging durch die Sträucher zurück, inmitten einer unendlichen Einsamkeit. Im Haus leuchtete noch immer das Licht. Ich schuf wieder Ordnung im Zimmer. Ich öffnete einen Schrank; darin lagen weitere Laken und verschiedene Dinge, denen ich den Inhalt des Koffers hinzufügte, bis auf zwei Ausweispapiere, die ich an mich nahm: eine Art Passierschein in spanischer Sprache auf den Namen Ferralle und ein in Frankreich ausgestellter Personalausweis für Ausländer auf den Namen Luiggi. Die Papiere auf den Namen Grozzi steckten bestimmt noch in einer Brieftasche, die er wohl bei sich getragen hatte. Ich schob den Koffer unter den Schrank und stellte den Spaten wieder in den Verschlag, an die Stelle, wo ich ihn gefunden hatte. Schließlich machte ich mich entschlossen auf den Rückweg. Ehe ich die letzte Steigung in Angriff nahm, warf ich die Ausweispapiere an den Wegrand; ich entzündete ein Feuer daran, das ich schnell auf die umliegenden trockenen Gräser überspringen sah.

Ich hielt nicht mehr an, bis ich am Bambuswäldchen angelangt war; dort ließ ich mein Fahrrad und kehrte langsam ins Dorf zurück. Die Kuppe des Hügels erglühte schon rot: Über einige Büsche war das Feuer bis dorthin angelangt. In dieser Gegend war so etwas durchaus alltäglich. Und jene feuerrot schimmernde Farbe am Rande der Nacht war die einzige, die meine Augen ertragen konnten, denn über dem Dorf dämmerte schon ein neuer Morgen, während mich selbst noch der Tod meines grausamen Tages und mein Erbarmen mit dem Blut erfüllten.

Heute abend ist Carrol gekommen. »Wie kalt deine Hände sind«, hat er gesagt. Sie waren weiß und blutleer. Ich habe sie zu Carrols schwarzem Haar emporgehoben und sie sind leblos an mir herabgefallen. Nachdem ich Carrol durch Germinies düstere Küche zurückbegleitet hatte, fing ich an, all dies hier niederzuschreiben. Nur mein Tun wollte ich schildern, weniger meine Gedanken. Von meinem eigenen Schmerz habe ich nicht gesprochen. Ich habe nur die Farben benannt, die meine Augen verletzten, und die Müdigkeit meiner Arme. Ich habe nur die Fahlheit meiner Hände beschrieben. Brauchst du denn mehr, um mich zu verstehen?

Jetzt dämmert ein neuer Tag. Bestimmt steht die Jahreszeit unter dem Zeichen des Sturms: Er lauert wieder über dem Dorf. Sollte ein wenig Blut auf den Hügeln aus Erde und Stein seine Spuren hinterlassen haben, so wird das Wasser sie alle verwischen. Ich aber schreibe an einem geschützten Ort. Das Wasser wird die Tinte, mit der ich diese Worte für dich niederschreibe, nicht verdünnen; und der Mord wird wie ein Riß für immer in mir sein.

Soll es doch regnen, mein Gott, soll es doch weiter auf meine kalte Heimat herabregnen. Soll doch der alles überflutende Regen jede Farbe und jedes Leben auslöschen. Aber wann wird die Zeit kommen, da wir beieinander sind, auf der Schwelle zu unserem Schattenreich, wo alle Spiele des Tages ihr Ende finden?

Nachwort

Unterm Pont Mirabeau fließt die Seine ist vor allem ein Lobgesang auf Mutterschaft und Geburt. Gleich zu Beginn der Erzählung wird die Geburt Christi heraufbeschworen: In einem kurzen inneren Monolog, der so typisch für Madeleine Bourdouxhes gesamten Stil ist, vergleicht sie sich in aller Bescheidenheit mit der Jungfrau Maria. Während sie selbst kurz nach der Entbindung geschwächt daniederliegt, schwang sich Maria gleich wieder auf ihren Esel, um weiterzuziehen. »Nun ja, die heilige Maria war eben die heilige Maria; und ich bin nur ich.«

Unterm Pont Mirabeau fließt die Seine wird nun zum ersten Mal in deutscher Übersetzung veröffentlicht. Nachdem der Text 1944 unter dem Titel *Sous le Pont Mirabeau* in illustrierter Ausgabe bei einem kleinen Brüsseler Verlag, den Editions Libris, herausgekommen war, blieb das Buch jahrzehntelang vergriffen – bis ich 1989 in einer belgischen Bibliothek ein Exemplar aufstöbern konnte und den Text in meine englische Ausgabe der Erzählungen von Madeleine Bourdouxhe aufnahm. Nun erscheint diese Übersetzung im Piper Verlag, der dem deutschen Publikum bereits mit großem Erfolg drei wiederentdeckte Werke der belgischen Schriftstellerin zugänglich gemacht hat: *Gilles' Frau*, zum ersten Mal 1937 in Frankreich erschienen, *Auf der Suche nach Marie*, 1943 erstmals in Belgien publiziert, und *Wenn der Morgen dämmert*, sieben Erzählungen.

Diese verspätete Anerkennung ist charakteristisch für Madeleine Bourdouxhes Schriftstellerleben. Fast ein halbes Jahrhundert lang, bis in Frankreich und Belgien die ersten Neuauflagen erschienen, waren ihre Bücher nirgendwo erhältlich. Zum Teil war dies einfach ein unglücklicher Zufall, wie er immer wieder in der Geschichte vorkommt; zum Teil hat es jedoch auch mit dem Wesen der Autorin zu tun, die so professionell in ihrer schriftstellerischen Arbeit war und zugleich ungewöhnlich zurückhaltend, was ihren literarischen Ruf betraf.

Ich bin ihr zum ersten Mal im Juli 1988 in ihrer Brüsseler Wohnung begegnet, als ich für die Women's Press in London an der englischen Übersetzung ihrer Erzählungen arbeitete. Damals war sie Anfang achtzig. In ihren letzten acht Lebensjahren habe ich sie dann, während ich erst *Gilles' Frau* und später *Auf der Suche nach Marie* übersetzte und herausgab, von Zeit zu Zeit besucht. Sie ging zwar immer sehr höflich und liebenswürdig auf all meine Fragen ein, aber ich spürte doch, daß sie sich schon vor vielen Jahren damit abgefunden hatte, daß das Schreiben für sie eine private Angelegenheit war und eigentlich auch bleiben sollte. In unseren Gesprächen wurde es fast schon zu einem Witz, daß sie jede Geschichte, sobald sie sie beendet hatte, »in der Schublade« versenkte. Vielleicht war das Schreiben zu einem Selbstzweck geworden.

Dabei galt Madeleine Bourdouxhe im Paris der Vorkriegszeit als aufgehender Stern am literarischen Himmel, und man sagte ihr eine glänzende Karriere voraus. Die Veröffentlichung ihres ersten Romans *La Femme de Gilles,* der 1937 bei Gallimard erschien – damals war sie dreißig Jahre alt –, brachte ihr prompt den Beifall von Kritikern wie Raymond Queneau ein, und die Literaturzeitschrift *La Nouvelle Revue Française* stellte sie als eine Autorin vor, die man im Auge behalten sollte. Zu ihren literarischen Freunden zählten die Surrealisten Paul Eluard und ihr belgischer Landsmann René Magritte; erwähnenswert ist auch, daß der Titel ihrer Erzählung *Sous le Pont Mirabeau* dem Gedicht des modernen französischen Lyrikers Guillaume Apollinaire entnommen ist, dessen Werk Madeleine Bourdouxhe sehr bewunderte. Mit dem Zitat aus Apollinaires »Unterm Pont Mirabeau fließt die Seine ...« wollte sie vermutlich seine Vorstellung vom zirkulären Fließen der Zeit aufgreifen und zugleich auch zum Ausdruck bringen, daß Paris für sie die Wiege der Kultur war.

Mit dem Ausbruch des Krieges im Jahre 1939 und der Geburt ihrer Tochter Marie änderte sich alles für Madeleine Bourdouxhe. Während sie nun auf die Vorzüge der französischen Hauptstadt verzichten mußte, ließ sie sich dazu inspirieren, eine der wenigen Geschichten zu schreiben, die, wie sie mir selbst einmal erklärte, »auf Tatsachen beruhen«. Als ich ihr meine Begeisterung darüber kundtat, diese Erzählung aufgestöbert zu haben, war sie aufrichtig überrascht: »Ich war doch nur ein Teil dieser Flüchtlingsströme – und dieselbe Erfahrung haben viele andere Menschen auch beschrieben.«

Die Erzählung spielt im Mai 1940, in jenem Monat kaum ein Jahr nach Kriegsbeginn, in dem die Deutschen in Belgien einmarschierten. Es dauerte nur eine Woche, und die französische Armee an der Maas befand sich auf dem Rückzug, während deutsche Soldaten französisches Gebiet durchstreiften. Nach der französischen Kapitulation und der Einsetzung der Kollaborations-Regierung unter Pétain wimmelte es sowohl in Frankreich als auch in Belgien von Menschen, die auf der Flucht vor der Besatzung waren.

Madeleine Bourdouxhe war eine von ihnen. Am Tag des Einmarsches hatte sie in einem Brüsseler Entbindungsheim ihre Tochter Marie zur Welt gebracht und sich sogleich mit Hilfe von Freunden und Verwandten in ein Dorf bei Bordeaux durchgeschlagen. (Tatsächlich war sie auf dieser Flucht in Begleitung ihres Ehemanns Jacques Muller, der jedoch in der fiktiven Version ihrer Geschichte nicht vorkommt.)

Auf Anweisung der belgischen Exil-Regierung mußte sie allerdings noch im gleichen Jahr nach Brüssel zurückkehren, wo sie die restlichen Kriegsjahre verbrachte. Publizieren konnte sie unter diesen Umständen kaum. Lange Zeit hatte sie sich mit Herz und Seele im Widerstand gegen den Faschismus engagiert – 1936 hatte der russische Revolutionär Victor Serge, mit dem sie eng befreundet war, in ihrem Brüsseler Haus Zuflucht gefunden –, so daß die Okkupation Frankreichs und Belgiens nun ein schwerer Schlag für sie war. Trotz ihres scheinbar geregelten, bürgerlichen Lebens bemühte sie sich darum, jeden Widerstand zu unterstützen. Hin und wieder gewährte sie jüdischen Flüchtlingsfrauen Unterschlupf – und weigerte sich später hartnäckig, darin eine mutige Tat zu sehen.

Es war schwierig für sie, eine Reisegenehmigung ins besetzte Paris zu bekommen, was ihr manchmal sogar nur unter Einsatz ihres Lebens gelang. Einmal, so erzählte sie mir lachend, brachte sie einen »anständigen Nazi« dazu, ihr die Genehmigung auszustellen, indem sie ihn mit einem signierten Exemplar von *La Femme de Gilles* bestach. Ein anderes Mal hatte sie Flugblätter für Paul Eluard abgeholt, die sie nach Belgien schmuggeln wollte, und war plötzlich in der Metro von einem Kordon von Nazi-Soldaten umringt. Ihr Blick begegnete dem des Befehlshabers; er wußte, was sie im Schilde führte und ließ sie trotzdem laufen. Diese Szene einer um Haaresbreite abgewendeten Gewalt, dieses Bild einer Frau, die allein durch die düstere, besetzte Stadt fährt, könnte direkt einer von Madeleine Bourdouxhes Erzählungen entspringen.

Unterm Pont Mirabeau fließt die Seine ist gewissermaßen die Quintessenz von Madeleine Bourdouxhes Art zu schreiben: Ein intensives, persönliches Erlebnis wird einer umfassenderen, universellen Erfahrung wie ein Symbol gegenübergestellt. Das Hochgefühl der jungen Mutter entlarvt auf eindringliche Weise die Sinnlosigkeit des Krieges.

Dieses in vielen ihrer Werke wiederkehrende Prinzip macht Bourdouxhe zu einer so bemerkenswerten und unverwechselbaren Schriftstellerin. Ungewöhnlich für eine Autorin ihrer Epoche ist ihr ausgeprägtes Interesse an Menschen, die in ärmlichen Verhältnissen oder am Rande der Gesellschaft leben. Auf besonders bewegende Weise zeigt sich das in *Gilles' Frau*, wo ein Moment der Leidenschaft das ganze Leben einer bescheidenen Arbeiterfamilie zerstört. In *Unterm Pont Mirabeau fließt die Seine* wird die Mutter von einer starken Zuneigung zu den einfachen, jungen Soldaten ergriffen, denen sie unterwegs begegnet. Sie kommen ihr vor wie Kinder: »Wenn man sie fragen würde, wie sie heißen, würden sie ihren ganzen Namen nennen, mit all ihren Vornamen« – wie beim Appell in der Schule. Das Bild einer Amsel, die von Schulter zu Schulter hüpft, während die Soldaten in einem Dorf herumhängen und auf Befehle warten, geht ihr nicht aus dem Sinn.

Ein Thema in Bourdouxhes Werk, das schon Simone de Beauvoir in *Das andere Geschlecht* lobend hervorhob, ist die genaue Beschreibung jener Kluft, die Mann und Frau trennt, nicht nur im Hinblick auf ihre unterschiedliche Sexualität, sondern auch, was ihren täglichen Umgang mit dem Körper betrifft. In *Unterm Pont Mirabeau fließt die Seine* bringt Bourdouxhe dieses Thema in gelassenem, fast liebevollem Ton ins Spiel. Als die Soldaten vergeblich versuchen, sie auf einer Bahre über die enge Treppe in das Zimmer hochzutragen, wo sie die Nacht verbringen soll, bittet die Mutter einen von ihnen, das Baby zu nehmen. Er tut, wie ihm geheißen, doch er trägt das Kind »gleichsam auf Armeslänge vor sich her, wie Männer es tun«. In einer anderen, erstaunlich freimütigen Szene betastet eine Bäuerin die Brust der Mutter und preßt ein paar Tropfen Milch hervor. Überwältigt von der Intensität dieses intimen Moments, verstummen die schwatzenden Soldaten. Und als sie später bemerkt, daß Blut an ihren Beinen herabläuft, reibt sie ein Bein am anderen, um die Blutspur zu verwischen und die Soldaten nicht in Verlegenheit zu bringen.

Was Bourdouxhe beim Schreiben aber vielleicht am meisten interessiert, sind die sich überlappenden Schichten von Erinnerung, aus denen sich die weibliche Psyche zusammensetzt. Um dieses Thema geht es in *Auf der Suche nach Marie*, wo es einer Frau gelingt, ihren Anspruch auf sexuelle Freiheit geltend zu machen, indem sie die verschiedenen Ebenen ihres Bewußtseins mit dunkel erinnerten Bildern aus ihrer Vergangenheit verknüpft.

Manchmal mag einen die Phantasie vor dem Wahnsinn retten, doch sie kann auch grausame Gegensätze hervorheben. Im Hintergrund der Erzählung *Wenn der Morgen dämmert* gibt es einen namenlosen, fernen Reisenden, mit dem die Heldin Léa eine zwanghafte Todessehnsucht teilt: Beide leiden unter der »schleichenden Ungeduld der Zeit«. In ihrem realen Alltag empfindet Léa jedoch eine fürsorgliche Liebe zu einem idealistischen jungen Fabrikarbeiter namens Carrol, der in Spanien gekämpft hat; ihr Umfeld ist ein schäbiges Dorfcafé, wo Männer sich treffen, um herumzuflachsen und über den Aufstand zu diskutieren. Trotz all seiner großen Worte hat Carrol Angst vor der Dunkelheit, und so muß Léa auf ihre weibliche Stärke vertrauen und in seinem Namen den Kräften des Bösen entgegentreten; sie muß mit dem Störenfried fertigwerden, der schuld daran ist, daß Carrol gedemütigt wurde. Nachdem sie ihre Aufgabe erfüllt hat, geht sie vor wie ein Profi, verwischt ihre Spuren und verbrennt die belastenden Beweise. Als sich vor Léas Augen der Hügel rot färbt, verschmelzen die biblischen Bilder von Blut und Feuer, die so häufig in diesen Geschichten wiederkehren. Zuvor empfand sie »eine traurige Liebe für die Farbe des Blutes«; jetzt ist die »Farbe am Rande der Nacht die einzige, die [ihre] Augen ertragen konnten«. Ihre Hände sind »weiß und blutleer«. In einem anderen Leben hätte sie den Feind ihres Freundes sogar lieben können.

In *Unterm Pont Mirabeau fließt die Seine* empfindet die Mutter das heftige Bedürfnis, sich in Kindheitserinnerungen zu flüchten, um sich nach der Geburtserfahrung ihrer Identität zu vergewissern. Ganz am Schluß der Erzählung steht sie mit ihrer Tochter an einem Fenster und macht sich Gedanken über den Krieg und die Zukunft ihres Kindes.

»Sie ist noch viel zu klein, um zu begreifen, was ihre Mutter ihr sagen will ... Es ist etwas Unaussprechliches, so schemenhaft wie das kleine Mädchen selbst; ihr Verstand und ihr Denken müssen sich erst noch entwickeln. Die Jahre werden sie zur Frau machen, werden ihr eine klare Vorstellung vom Leben geben.« Der Glaube an die Kraft weiblicher Lebenserfahrung ist hier, in dieser extremen politischen Krisensituation, eine Quelle der Zuversicht, was die kommenden Zeiten betrifft.

Zu guter Letzt möchte ich noch einmal dort anknüpfen, wo ich begonnen habe: beim Thema der Geburt. Madeleine Bourdouxhe wuchs in einer katholischen Familie auf; religiöse Symbole ziehen sich, wenn auch häufig durchdrungen von Ironie, durch ihr gesamtes Werk. So können wir es uns heute, mit einem halben Jahrhundert Abstand, durchaus erlauben, ihre Erzählung wie eine Allegorie der Geburt Christi zu lesen: die Flucht vor der feindlichen Besatzungsmacht, die Entwurzelung und ungewisse Situation der Mutter, die schwierige Reise mit dem Neugeborenen (ein Mädchen, kein Junge), die Anbetung der (Soldaten) Hirten.

Die beiden vorliegenden Erzählungen bieten eine besonders gute Möglichkeit, das Werk dieser großartigen belgischen Schriftstellerin zu entdekken.

Faith Evans

Faith Evans ist Literaturagentin und Übersetzerin in London.

Inhalt

PIPER

Madeleine Bourdouxhe

Auf der Suche nach Marie

Roman. Aus dem Französischen von Monika Schlitzer. 186 Seiten. Geb.

Marie, die dreißigjährige junge Frau, ist glücklich mit Jean verheiratet. Das jedoch hindert sie nicht daran, während der gemeinsamen Ferien am Meer verstohlene Blicke mit einem schönen jungen Mann auszutauschen. Blicke, die ganz selbstverständlich in einer stürmischen erotischen Affäre münden werden.
Maries sexuelles Erwachen löst ein tiefes Glücksgefühl in ihr aus, das sie am liebsten ganz für sich genießt: allein durch Paris flanierend, im Café eine Zigarette rauchend, auf einem Jahrmarkt, in einem Zugabteil... Trotzdem bleibt die Wirklichkeit eine feste Größe für sie: Selbstverständlich folgt sie ihrem Ehemann, als der in die Provinz versetzt wird, und sie hilft ihrer unglücklichen Schwester Claude, als die sie braucht.
Ein aufregender Roman, der die körperliche Liebe und ihre beflügelnde Wirkung feiert: Marie ist niemals passiv oder indifferent, sie steht mitten im Leben und kostet es aus bis zum letzten Tropfen. Sie ist im wahrsten Sinne eine moderne Heldin.

Madeleine Bourdouxhe
Gilles' Frau

Aus dem Französischen von Monika Schlitzer.
Mit einem Nachwort von Faith Evans. 166 Seiten Geb.

Madeleine Bourdouxhes Drama einer zerstörerischen Leidenschaft ist eine Wiederentdeckung von höchstem literarischen Rang. Die leidenschaftliche Dreiecksgeschichte zwischen Elisa, ihrer Schwester Victorine und Gilles ist in ihrer Direktheit und Ausweglosigkeit ein Glanzstück der klassischen Moderne: Sinnlich, kühn – und von kammerspielartiger Intensität. Sie ist von der Schlichtheit und Unentrinnbarkeit einer klassischen Tragödie.

»Schwer zu sagen, was beeindruckender an der Leistung Madeleine Bourdouxhes ist: die kühle Liebe zu ihren Figuren oder die unsentimentale, aber doch fast zärtliche Darstellung ihrer Zerrüttung.«
Die Woche

PIPER

Alessandro Baricco
Novecento

Die Legende vom Ozeanpianisten. Aus dem Italienischen von Erika Cristiani. 83 Seiten. Geb.

Auf dem luxuriösen Ozeandampfer Virginian, der zu Beginn des Jahrhunderts zwischen der Alten und Neuen Welt hin- und herpendelt, wird ein ausgesetztes Baby gefunden, dem die Matrosen den Namen seines Geburtsjahres geben: Novecento, Neunzehnhundert. Noch ahnt keiner, welch seltsames Schicksal dieses Findelkind haben wird. Novecento wird nämlich zeit seines Lebens nicht mehr von Bord gehen: Er wird der sagenhafte Ozeanpianist, ein Vorläufer des Jazz, eine lebende Legende.
Die poetische Sprache von »Seide« und die Phantasie von »Land aus Glas« verbinden sich in dieser wundervollen Geschichte um Musik, Leidenschaft und die Macht der Freundschaft. Der heimatlose Pianist Novecento ist ein Emblem unserer Epoche, sein Schicksal eine Metapher für eine Reise ohne Ende. Der Ozeandampfer zieht durch die Geschichte unseres Jahrhunderts, doch im Hintergrund swingt und summt es dazu im Rhythmus des Jazz, daß es eine Lust ist.

Sándor Márai

Die Glut

Roman. Aus dem Ungarischen von Christina Viragh.
219 Seiten. Geb.

Ein ungarisches Jagdschloß am Fuß der Karpaten – einst prachtvoller Ort für festliche Soireen, wo die mit Kerzen erleuchteten Säle von Chopinscher Klaviermusik erfüllt waren. Doch nun steht es mit seinen zerschlissenen Seidentapeten und blinden Spiegeln für den Verfall einer Epoche. Sein ganzes Leben hat Henrik, der Sohn des Gardeoffiziers, hier verbracht, und nun ist der Augenblick gekommen, auf den er seit 41 Jahren gewartet hat: Konrad kündigt sich an, sein engster Freund aus Jugendtagen, der damals, nach jenem denkwürdigen Jagdausflug, überstürzt ans andere Ende der Welt abgereist war. Endlich kann das Geheimnis gelüftet werden: Welche Rolle hatte Krisztina, Henriks schöne junge Frau, für sie beide damals gespielt?
Einen einzigen Abend, eine einzige Nacht dauert das Treffen der beiden alten Männer. Mit peinigender Offenheit gehen sie den Fragen nach Wahrheit und Lüge auf den Grund. Ähnlich wie Schnitzler oder Joseph Roth vermag es Márai, die Melancholie, die mit dem Zerfall des k.-k.Reiches einherging, heraufzubeschwören

PIPER

Melania G. Mazzucco
Der Kuß der Medusa

Roman. Aus dem Italienischen von Dora Winkler.
456 Seiten. Geb.

Als Norma frischverheiratet neben ihrem gräflichen Gatten in einem eleganten Pariser Boudoir liegt, glaubt sie noch an eine glänzende Zukunft. Doch bald muß sie erkennen, daß ihre Ehe und ihr Alltag in Turin sie immer unglücklicher werden lassen. Erst als die geheimnisvolle, stille Medusa in ihre Dienste tritt, ändert sich für sie alles.
Wir sind am Anfang des Jahrhunderts, und auf Medusa, die jahrelang wie eine kleine Sklavin mit dem alten Pilu und seiner Laterna magica durch die Berge gezogen war, wirkt Normas Leben wie ein Märchen. Doch je näher sich die beiden Frauen kommen, desto enger zieht sich die Schlinge um sie. Das Glück, zum ersten Mal aus ihrer Einsamkeit herauszufinden, kann in ihrer Zeit und ihrer Umgebung nicht ungestraft bleiben: Zutiefst in seinem Stolz verletzt, beschließt Ehemann Felice, grausame Rache zu nehmen.

Melania Mazzucco ist eine Erzählerin, wie es sie heute kaum noch gibt: Präzise, detailverliebt und besessen von ihrem Stoff breitet sie ein reich ausgeschmücktes Psychodrama vor uns aus.

PIPER

Janice Kulyk Keefer

Die grüne Bibliothek

Roman. Aus dem Amerikanischen von Astrid Arz.
374 Seiten. Geb.

»… leuchtend, sinnlich, magisch … ein Buch, das einem nicht mehr aus dem Kopf geht.«
The Toronto Star

»Janice Kulyk Keefers neues Werk begeistert und verstört … sie webt eine Geschichte über Liebe und Verrat, die so verschlungen und kostbar ist wie das Muster auf einem slawischen Kaschmirschal.«
Maclean's Toronto

»… diese Geschichte eines ganz ›normalen‹ Einwandererschicksals zeigt, wie ein gelungener Roman sein sollte: universell und einzigartig.«
The Edmonton Journal

»… lange, nachdem man das Buch zugeschlagen hat, durchströmt diese raffinierte Verschmelzung von großer Historie und persönlichem Schmerz das Bewußtsein des Lesers.«
Quill & Quire, Toronto